REVELACIÓN
EN AMERICA

Ahmed Martel

DEDICATORIA

A la memoria de uno de los hombres más grandes y prolíferos de todos los tiempos, Presidente Ronald Reagan, por quien mi admiración creció desde que conocí su obra; plena de valores y principios en los que he creído y por los que he luchado siempre.

ÍNDICE

IV. El Capitalismo

V. ¿Del Capitalismo al Socialismo?

VI. Reflexiones

AGRADECIMIENTOS

Son muchas las personas a quienes debo agradecer el apoyo a lo largo del camino para que hoy este libro fuese una realidad. Intentar nombrarlas a todas sería imposible, sin embargo, tampoco sería justo no hacer el intento.

- A mi querida madre, Irma Silva, por ser figura clave en mi formación y modo de ver la vida. Mujer de principios y muy consecuente con los ideales que desde pequeño me enseñó a abrazar.
- A mis compatriotas y amigos inseparables, Lourdes C. Pagani y Karel Roberto Delgado, por su confianza y apoyo durante tantos años de lucha por la libertad de Cuba.
- A mis amigas Iliana Curra y Mirta Iglesias, con quienes compartí desvelos y frustraciones por la desinformación que sufría Estados Unidos, y por *Voto por America*, proyecto que trabajamos juntos.
- Gracias a quienes nos apoyaron en Voto por America al abrirnos las puertas en sus programas de Radio y TV: Ninoska Pérez Castellón, Luis Conte Agüero, Sergio Rioseco, Nelson Rubio, Lourdes D'Kendall y Freddy Castro a través de Alfonso Cremata. Gracias a Remedios Díaz Oliver por su gran apoyo con la publicación impresa del proyecto.
- Agradezco a seres especiales que por su prodigalidad y pasión por la libertad de Cuba, influenciarían en mi, y con quienes tuve el privilegio de trabajar: Sylvia Iriondo, Maritza Lugo, Ninoska Pérez Castellón, Ángel De Fana, Iliana Curra, Mirta Iglesias, Luis Conte Agüero, Ana Carbonell, Pedro Corzo, Emilio Subil, Renato Gómez, Luis Guardia, William Navarrete, Anolan Ponce, Maite Argüelles, Augusto Monge, Cary Roque, Luis G. Infante,

Alex González, María Castellón, Dionisio de la Torre Jr., Laida Carro, Iván Picón, Jose Antonio Font entre otros dignos cubanos.

- Gracias a mis primos Bettina Rodríguez Aguilera y Julio Carlos Caballero, por su apoyo durante mi trayectoria a lo largo de mi activismo por la libertad.
- Mi agradecimiento especial a Xiomara Pagés, Rubén Soto, Alfredo Hernández "Freddy" y Helen Murgas, por su aliento en la publicación de este libro.
- Gracias amigo Miguel Rodez por la foto de perfil.
- Gracias a mis amigos Ángel Esquivel, Blanca López, Pastor Héctor Barcelona, Manuel García, Margarita Rotondaro, Carmen y Pedro Arocha, Dagoberto Domínguez, Yamil Portela y Pablo García, por escucharme con paciencia y ofrecerme sus opiniones con elegancia y altruismo.
- Y para concluir, llegue mi homenaje póstumo a 3 personas cuya obra e inspiración, marcarían mi vida: a mi querida amiga y compañera de lucha Marisol Toraño (EPD); a mi hermana de lucha, Daisy Gil Ortíz (EPD); y mi gran amigo y mentor, Andy García (EPD).

RESEÑAS SOBRE EL LIBRO

"Partiendo de su propia experiencia y aportando los conocimientos adquiridos viviendo en tierra libre, Ahmed Martel nos advierte de los peligros que acechan a toda sociedad que pierde sus valores y hace un llamado urgente a la necesidad de recuperarlos para evitar el desastre."

Ninoska Pérez Castellón,
Periodista y Comentarista Radial

***

"Me impactó comprobar que un joven como Ahmed Martel, nacido y criado bajo el sistema de adoctrinamiento comunista en Cuba, pudo, a través de los escasos medios a su alcance y a pesar de la censura, iniciar un proceso de transformación personal que lo llevaría a reconocer los mitos del socialismo y a despertar a la luz de la verdad".

Sylvia G. Iriondo, Presidenta
M.A.R. por Cuba
(Madres y Mujeres Anti-Represión)

***

"*Revelación en America* revela un mensaje poderoso a través del cual Ahmed Martel, desarma al sistema socialista utilizando sus mismas herramientas y expone a la luz sus vínculos más ocultos. Luego, analiza el Capitalismo a profundidad y aboga por la necesidad de preservarlo para la posteridad. Es una lectura clara, directa y absorbente que una vez que la comienzas, no puedes abandonarla".

Bettina Rodriguez Aguilera
Councilwoman, City of Doral

***

"*Revelación en America* es un libro de obligada lectura cuyo autor, aun siendo un niño en Cuba, comenzó a descubrir la gran mentira del régimen comunista y lo refleja con datos precisos. Al llegar al exilio, se dedicó por distintas vías a luchar por hacer pública la realidad que viven los cubanos en la Isla. Su inquietud lo ha llevado a analizar profundamente el sistema político de Estados Unidos, lo cual deja plasmado en este libro con lujo de detalles."

Mirta Iglesias

***

"En éste libro, intenso y profundo en sus análisis, el autor nos lleva de la mano enseñándonos sus transformaciones, su pensar y su definida ideología, al conocer desde adentro una filosofía que no funciona, ni siquiera en los textos. Ahmed penetra fuertemente en la teoría de una doctrina que se impuso por la fuerza, pero que caduca desde sus inicios porque conculca todas las libertades del ser humano. También nos alerta del peligro extremo en que vivimos cuando el gobierno trata de imponerse agrandando su tamaño, sus funciones y sus órdenes ejecutivas sin cumplir con la Constitución. Y ese es el peligro que nos está acechando, el mismo que muchos de nosotros padecimos en Cuba, un paraíso que se perdió en el totalitarismo, y luego, no sólo nos cerraron las puertas de la libertad, sino las del alma. Es eso justamente lo que intenta decirnos en éste libro. Y espero que aquellos que lo lean sean capaces de captar el mensaje, para evitar que sus almas y sus corazones enfermen de absolutismo, sin saber siquiera, que estaría por llegar lo peor."

Iliana Curra,
Escritora y Ex presa política cubana

***

"Ahmed Martel nos hace el regalo de un libro didáctico, para la educación ciudadana. Estados Unidos de América necesita de soldados reales y morales para su defensa, fortalecimiento y crecimiento. Este planteamiento no es excesivo; los Estados Unidos de América, son el bastión en la tierra de Dios y la democracia. Y cuanto se agiganta para tales propósitos, no es mucho, siempre es necesario más, y más aún para garantizar la libertad humana."

Luis Conte Agüero, PHD
"Por medio de "*Revelación en America*", Ahmed Martel nos ofrece un análisis profundo sobre el Socialismo como sistema, partiendo de una gran transformación que experimentara durante sus primeros años de vida mientras estudiaba, curiosamente, la propia literatura

del régimen. También nos recuerda que hoy vivimos en Estados Unidos, un país de estructura capitalista y democrática cuya voluntad soberana descansa sobre los hombros de cada miembro de la sociedad por igual; de ahí la responsabilidad contraída por todos, y lo que podría ocurrir cuando no hacemos uso de ese poder responsablemente. Este es un libro fabuloso de principio a fin, no solo porque contiene un mensaje poderoso, sino por la forma en que se expone ese mensaje."

Lourdes Campos Pagani,
Escritora y Co-Directora de NetforCuba

***

"En este libro, mi gran amigo y hermano Ahmed Martel, ha plasmado muy claramente el gran peligro que podríamos enfrentar en Estados Unidos y en el mundo, si las personas de buena voluntad, no tomamos conciencia ante la situación que enfrentamos y hacemos lo que tengamos que hacer para que nunca más pueda el mal triunfar sobre el bien. El futuro está en nuestras manos y en la sabiduría de nuestras decisiones."

Maritza Lugo,
Expresa Política y de Conciencia y Activista por los Derechos Humanos.

PRÓLOGO

Entre mis manos sostengo el valioso libro que acabo de leer, "Revelación en America," del escritor cubano, *Ahmed Martel*. Esta obra está escrita con humildad e inteligencia, reflexión y sinceridad, pero más que todo, con sentido común, ése que ya no es tan común entre los ciudadanos que siguen ciegamente a la manada, a la prensa, a las frases huecas que prometen, sin detenerse a pensar.

El libro de *Martel*, nos lleva de la mano a conocer su despertar en los primeros años de vida en su tierra natal. Nos describe e ilustra, el fuerte adoctrinamiento al que son sometidos los niños cubanos por parte de la dictadura; y cómo, por medio de un gran descubrimiento a edad muy temprana, lograría abrir sus ojos a la luz de la verdad. Curiosamente, ese "descubrimiento" llegó a su vida a través de la propia literatura del régimen, *"El Capital"* de Karl Marx, compendio que profundizaría en el sistema capitalista, con la única intención de destruirlo. Sin embargo, este tratado se convertiría para Ahmed en el catalizador que propició su ruptura con el régimen, un régimen paradójicamente "marxista-leninista".

Ahmed leyó este libro, renunciando a juegos y salidas propias de su edad; pero su esfuerzo no fue en vano, ya que lo llevó a comprender la didáctica comunista para destruir naciones, partiendo de su propia experiencia en Cuba; y luego, al llegar a Estados Unidos de América en 1992.

El autor de este libro trae por consiguiente, otros igualmente importantes a la memoria, *"La Gran Estafa"* de *Eudocio Ravines*. Un iberoamericano, nacido en Perú, compenetrado con el marxismo, y vinculado a la elite del aparato soviético, que ayudó a organizar los movimientos comunistas en España, Chile, Argentina y Perú, obteniendo así los Premios Stalin y Mao. Asistió como delegado argentino del Partido Comunista al Congreso de Bruselas en 1927, y fue nombrado en 1929, delegado del grupo socialista-comunista de Perú en el Congreso de Frankfurt. Sin embargo, terminaría siendo testigo de la propia crueldad del sistema socialista y luego de haberla padecido en carne propia, la plasmaría en su libro revelador; posición que al final le costaría la vida.

Mi padre tuvo que quemar el libro de Ravines, y algunos otros en nuestro hogar, para evitar represalias del gobierno cubano *(cárcel o fusilamiento)*, si lo encontraban en su poder (1962).

También me hizo recordar, aunque parezca una exageración para algunos mi comparación, *"La Rebelión de Atlas"* (Atlas Shrugged), *"El Manantial"* (Fontainehead), *"Capitalism"* (Capitalismo), de *Ayn Rand*, la novelista, filósofa, dramaturga, y guionista americana, de origen ruso, nacida en St. Petersburg en 1905, y que termina sus días, en los Estados Unidos, creadora de su propio Instituto de filosofía, basado en el Objetivismo.

Sus escritos y novelas, escandalizaron al Occidente, al situar al *Capitalismo* como el mejor sistema de gobierno. Protege los derechos del individuo, la propiedad privada; donde la intervención del gobierno en la economía es limitada, ya que se divide en tres ramas: Legislativa, Ejecutiva, y Judicial. Respeta los principios y las verdades básicas, como para ser el único sistema práctico y moral (aunque no perfecto, ninguno lo es), pero acorde con la naturaleza humana, y sus requisitos para vivir, pudiendo alcanzar así el hombre, su potencial glorioso y completo.

El lector no podrá dejar de leer este libro, sin cuestionarse una serie de situaciones ... las preguntas vendrán a su mente y le harán reflexionar sin apasionamientos, ni partidismo, sino con objetividad, la realidad que hemos tenido delante, y que muchas veces no podemos ó nos resistimos a ver; tal y como le sucedió a Ahmed Martel y a sus jóvenes compañeros.

Este libro pedía, necesitaba ser escrito. Ahora pide ser leído, no con predisposiciones, sino con apertura y objetividad.

¡Felicidades, amigo Ahmed Martel!

Xiomara J. Pagés
Escritora, Periodista y Motivadora
www.xiomarapages.com

INTRODUCCIÓN

Muy dentro de cada uno de nosotros sabemos que el país no marcha bien, aunque algunos no deseen admitirlo. Y no puede marchar bien por una sencilla razón: no se puede cambiar la ruta que llevó a Estados Unidos a convertirse en la primera potencia económica del mundo, sin pagar un precio por ello. Siempre aprendí que en la vida toda causa tiene su efecto, y el sentido común me dice que si deseas cambiar lo que te ha llevado al éxito, espera el fracaso en retorno. Y es que el modelo económico concebido por los padres fundadores de esta gran nación desde sus inicios: el capitalismo y la empresa privada, el mercado libre, la inversión del capital y los mecanismos que la protegen; la plena libertad política y económica, amparada por un estado de derecho capaz de salvaguardar esa estructura monolítica, está recibiendo el impacto directo de ese "cambio".

Con estas palabras que hoy inicio mi libro, encabecé tiempo atrás mi artículo titulado: *En noviembre, mi voto será por America,* el cual sería publicado en octubre de 2012 previo a la contienda electoral por la presidencia de Estados Unidos. Por su vigencia e importancia actual trataré más adelante algunos de sus fragmentos.

¿Que por qué lo he hecho de este modo? Muy simple. Deseo contribuir a la toma de conciencia sobre un peligro que se cierne sobre Norteamérica y que hemos visto propagarse rápidamente entre su sociedad: *el fantasma de la ignorancia.* Uno de los hombres más prolíferos de su época, Simón Bolívar, patriota venezolano y apodado merecidamente como *El Libertador* por sus hazañas a favor de la libertad en el continente americano, nos alertaría en el pasado lo siguiente: *Un pueblo ignorante es instrumento ciego de su propia destrucción.* Sé que más de uno se sorprenderá con lo que voy a decir, pero es importante que lo diga: yo no responsabilizo a Barack Obama por las transformaciones radicales que hemos visto suscitarse en el país bajo su Administración, ni a la gestión de sus predecesores por una sencilla razón: todos han sido elegidos por votantes.

En un país libre como Estados Unidos, donde cada ciudadano con derecho al voto tiene la oportunidad de elegir a sus gobernantes, y absolutamente todos gozan de amplio acceso a los medios informativos y de opinión; no hay justificación para que los electores no puedan emitir un voto consciente y de calidad. Entonces, ¿dónde radica el problema? Pues en que la mayoría no toma ventaja de esas herramientas y se deja llevar por puntos de vista de la prensa, por la gastada retórica populista o argumentos vertidos por sus respectivos candidatos. ¡Craso error!

La prueba de lo que digo, la obtuve días después de las elecciones presidenciales del 2008 cuando realicé una encuesta informal entre unos 60 votantes por el candidato vencedor Barack Obama. Los resultados arrojados me mostraron la luz que buscaba. A la pregunta de *¿qué conoces del pasado de*

Obama?, me cuesta decirlo, pero 56 personas coincidieron en una misma respuesta: *"Nada"*. Y entonces me pregunté a mí mismo: ¿cómo pudieron votar por una persona de quien nada sabían?

Tristemente, esa actitud correspondía al patrón sobre el que nos alertaba Bolívar, y que ha propiciado la destrucción de naciones enteras de la noche a la mañana. El mismo que ha permitido a seres habilidosos y sin escrúpulos auto titularse como defensores de los desamparados, con el objeto de someter a millones y rendirlos ante su aureola autoritaria. Y la historia ha demostrado que ningún país que ha padecido ese tipo de fenómenos, ha logrado traer libertad, prosperidad y estabilidad a sus poblaciones; sino todo lo contrario.

Este libro analiza, entre una mezcla de vivencias personales, razonamientos y contexto histórico en que me tocó vivir, lo siguiente:

1. El Socialismo, como punto de partida.
2. Del Socialismo al Capitalismo, que recoge el proceso de mi transformación y conversión a la luz.
3. El Capitalismo como sistema político, económico y social y los peligros que desde dentro amenazan con destruirlo.
4. Reflexiones, cuya sección es a mi juicio la más importante de todas. Comprende su penúltimo capítulo y no le aconsejo llegar a ella sin haber leído las anteriores.

Note que el vocablo "America" en el título del libro y a través de sus páginas, no lleva acento. Se refiere a la America anglo, a esa America que el propio estadounidense atribuye con orgullo su sentido de patria. Este material constituye mi modesta aportación hacia esa America, al resto de la América continental "con acento", y a todo aquel que ame la libertad y la justicia en el mundo. Otro detalle que percibirá, es el énfasis realizado sobre ciertos pasajes que considero importantes en el libro, y los distingo con palabras gruesas para recabar su atención.

Estimado lector, no importa cuál sea su posición política o visión personal, puedo asegurarle algo: más allá de países, gobiernos, sistemas y partidos políticos; usted está en presencia de un libro transmisor de un mensaje fuerte y revelador si se propone descubrirlo. No es un mensaje nuevo, ha permanecido frente a nosotros durante años, quizás toda la vida, aunque la inmensa mayoría de la gente no haya logrado advertirlo. Tampoco es algo que aprendamos en la escuela, pues tiene que ver más con sentido común, que con un programa de estudios académicos. Sin embargo, el haberlo ignorado por desconocimiento o apatía, ha sido lo peor que pudo pasarle a la humanidad. Su efecto ha sido desastroso y devastador; y el solo hecho de revelarlo como haré ahora resulta imperativo si realmente deseamos traer luz y entendimiento a todo esto, antes que la oscuridad termine por devorarnos.

I.   EL DESPEGUE

Decidido al futuro

Con tantos países en el mundo, ¿por qué Estados Unidos? Esa es la pregunta obligada que millones de personas en el mundo se formulan día a día, y la mayoría coincidimos en una respuesta obligada: Estados Unidos es la tierra de las oportunidades. Y están en lo correcto, incluso los propios estadounidenses lo perciben cuando viajan a otras partes del mundo y pueden establecer comparaciones. Por mi parte, pienso que en ningún lugar de la tierra se vive más pleno que en Norteamérica.

Si, ya sé que algunos estarán en desacuerdo conmigo y me confrontarán con sus propios argumentos, y es ok, se vale la discrepancia. Como bien diría Benito Juárez: *El respeto al derecho ajeno, es la paz.* Por eso expondré las razones que justifican mi manera de pensar a través de estas páginas, y lo haré con humildad, con fundamento y sobre todo, con el gran respeto que usted como lector merece.

Llegué a Estados Unidos en el año 1992 con un saco enorme de esperanzas como muchos exiliados e inmigrantes. Cuba, mi país de origen, no me dio la posibilidad de realizarme y de crecer, mucho menos de albergar un sueño. Recuerdo que al momento de partir, un sinfín de preguntas se agolparon en mi mente: ¿Cómo sería vivir en libertad? ¿Cómo se sentiría vivir en un país donde la sociedad y el gobierno no te penalizaran o humillaran por tu éxito y pudieras llegar tan lejos como te permitieran tus fuerzas? ¿Sería posible añorar tamaña felicidad? Y así, entre una mezcla de melancolía e ilusión por el futuro, abordé el vuelo de Cubana de Aviación que me sacó de aquel infierno en que se había convertido mi tierra. Aquel 1ro de enero a las 10:15 de la mañana se produjo el ansiado despegue, y me convertí en hombre libre por primera vez.

II.   EL SOCIALISMO

La burbuja ficticia

La importancia del presente capítulo es relevante si queremos ahondar en la grandeza del sistema capitalista en Estados Unidos. Yo no la habría apreciado en toda su dimensión, si no hubiese crecido bajo la égida de un país comunista que me permitió conocer este otro sistema desde dentro y establecer puntos de comparación a profundidad. Y para quienes piensan que el Socialismo implantado en Cuba es diferente al de la ex Unión Soviética y al resto de los ex países socialistas, les respondo sencillamente que no. Teóricamente, el Socialismo constituye la primera fase de la sociedad comunista concebida por el marxismo y en cada región de la tierra donde se ha establecido, ha compartido en esencia sus mismos principios y propósitos; aquellos contemplados por Karl Marx, Friedrich Engels y Vladimir Illych Lenin. Y en cuanto a ese otro grupo de personas que imagina que solo las naciones subdesarrolladas y pobres son propensas a caer bajo su férula, el presente libro le demostrará con hechos lo contrario. El Socialismo vive, sus latidos no se ven, pero se sienten; su nombre no se dice, es. Y mientras su efecto demoledor se esparce en silencio por el mundo, la ignorancia sobre su naturaleza crece en proporción minando a millones de mentes ingenuas y secuestrando voluntades sin piedad ni freno.

Mis primeros veinte años bajo el régimen socialista dejaron huellas imborrables en mi personalidad y modo de ver la vida. Para quienes desconocen el sistema nacional de enseñanza en Cuba, es importante que sepan que si bien la educación es gratuita para el estudiante, posee un precio incosteable para el ser humano que la recibe. Paradójico, ¿verdad? Me refiero a que cada clase impartida por la escuela, cada actividad programada y ejecutada o palabra expresada por el profesor a sus alumnos, lleva consigo la estampa del adoctrinamiento oficial comunista. Y ese descabellado procedimiento psicológico, es iniciado por el gobierno a edades muy tempranas en el estudiantado y prolongado durante el curso de su vida posterior. Por eso no es difícil comprender que la ideologización de la educación escolar constituye una herramienta vital para la propia supervivencia del Estado Socialista y su efecto se vería reflejado en la formación y desarrollo de esa nueva generación de cubanos de la cual yo no sería la excepción.

Desde mis primeros años lo empecé a ver todo a través de la lupa del Socialismo, de la Revolución y de la figura del dictador de Cuba, Fidel Castro. A través de la escuela participé en los llamados actos revolucionarios o "patrióticos", integré paneles de estudios sobre nuestros próceres por la independencia en la lucha contra España y de los llamados "héroes de la revolución" instituidos por el oficialismo. Durante incontables actos de vitoreo al régimen, se me pedía que leyera públicamente los comunicados oficiales. A la edad de nueve años, fui seleccionado vanguardia de mi escuela y elegido a participar en un evento nacional convocado por la entonces Unión de Pioneros de Cuba (U.P.C.), organización cuyo nombre sería reemplazado por el de Organización de Pioneros José Martí (O.P.J.M.). Desde niño creí resueltamente en aquel proceso denominado "Socialismo"; y cómo no creer en él cuando se nos presentaba como el gobierno de los explotados y desamparados, defensor de la clase trabajadora y pobre de la nación.

Recuerdo perfectamente que a la edad de ocho años, la profesora nos leería en clases el discurso pronunciado por el gobernante cubano Fidel Castro en el acto de proclamación del Carácter Socialista de la Revolución. Aquel acontecimiento tomaría lugar el 16 de abril de 1961 en la capital cubana, y marcaría el inicio de las grandes transformaciones que sacudirían a Cuba y la conducirían indefectiblemente por el camino de la izquierda. Aquella lectura produjo en mí un impacto tan fuerte, que a partir de entonces mi identificación con el proceso socialista se consolidó tremendamente. Hoy he decidido buscar ese discurso y compartir algunos de sus fragmentos. Juzgue el lector por sí mismo sobre el grado de adoctrinamiento al que éramos sometidos los niños cubanos a tan corta edad.

"...Eso es lo que no pueden perdonarnos, —apuntaba Fidel Castro— que estemos ahí en sus narices ¡y que hayamos hecho una Revolución socialista en las propias narices de Estados Unidos! (Aplausos y exclamaciones de: "¡Pa'lante y pa'lante, y al que no le guste que tome purgante!") ¡Y que esa Revolución socialista la defendemos con esos fusiles! (Aplausos); ¡y que esa Revolución socialista la defendemos con el valor con que ayer nuestros artilleros antiaéreos acribillaron a balazos a los aviones agresores! (Aplausos y exclamaciones de: "¡Venceremos!"; "¡Fidel, Jruschov, estamos con los dos!", y otras consignas revolucionarias.)

Y esa Revolución, esa Revolución, esa Revolución no la defendemos con mercenarios; esa Revolución la defendemos con los hombres y las mujeres del pueblo.

¿Quiénes tienen las armas? ¿Acaso las armas las tiene el mercenario? (Exclamaciones de: "¡No!") ¿Acaso las armas las tiene el millonario? (Exclamaciones de: "¡No!") Porque **mercenario y millonario son la misma cosa.** *¿Acaso las armas las tienen los **hijitos de los ricos**? (Exclamaciones de: "¡No!") ¿Acaso las armas las tienen los mayorales? (Exclamaciones de: "¡No!") ¿Quién tiene las armas? (Exclamaciones.) ¿Qué manos son esas que levantan esas armas? (Exclamaciones.) ¿Son manos de señoritos? (Exclamaciones de: "¡No!") ¿Son manos de ricos? (Exclamaciones de: "¡No!") ¿Son manos de explotadores? (Exclamaciones de: "¡No!") ¿Qué manos son esas que levantan esas armas? (Exclamaciones.) ¿No son manos obreras? (Exclamaciones de: "¡Sí!") ¿No son manos campesinas? (Exclamaciones de: "¡Sí!") ¿No son manos endurecidas por el trabajo? (Exclamaciones de: "¡Sí!") ¿No son manos creadoras? (Exclamaciones de: "¡Sí!") ¿No son manos humildes del pueblo? (Exclamaciones de: "¡Sí!") ¿Y cuál es la mayoría del pueblo?, ¿los millonarios o los obreros?, ¿los explotadores o los explotados?, ¿los privilegiados o los humildes? (Exclamaciones.) ¿No tienen las armas los privilegiados? (Exclamaciones de: "¡No!") ¿Las tienen los humildes? (Exclamaciones de: "¡Sí!") ¿Son minoría los privilegiados? (Exclamaciones de: "¡Sí!") ¿Son mayoría los humildes? (Exclamaciones de: "¡Sí!") ¿Es democrática una revolución en que los humildes tienen, las armas? (Aplausos y Exclamaciones de: "¡Sí!" y "¡Fidel!, ¡Fidel!" y diferentes consignas revolucionarias.)*

Compañeros obreros y campesinos, ésta es la Revolución socialista y democrática de los humildes, con los humildes y para los humildes (Aplausos). Y por esta Revolución de los humildes, por los humildes y para los humildes, estamos dispuestos a dar la vida (Exclamaciones).

Obreros y campesinos, hombres y mujeres humildes de la patria ¿juran defender hasta la última gota de sangre esta Revolución de los humildes, por los humildes y para los humildes? (Exclamaciones de: "¡Sí!")

[...] Aquí, frente a la tumba de los compañeros caídos; aquí, junto a los restos de los jóvenes heroicos, hijos de obreros e hijos de familias humildes, reafirmemos nuestra decisión, de que al igual que ellos pusieron su pecho a las balas, al igual que ellos dieron su vida, vengan cuando vengan los mercenarios, todos nosotros, orgullosos de nuestra Revolución, orgullosos de defender esta Revolución de los humildes, por los humildes y para los humildes, no vacilaremos, frente a quienes sean, en defenderla hasta nuestra última gota de sangre (Aplausos).

¡Viva la clase obrera! (Exclamaciones de: "¡Viva!")

¡Vivan los campesinos! (Exclamaciones de: "¡Viva!")

¡Vivan los humildes! (Exclamaciones de: "¡Viva!")

¡Vivan los mártires de la patria! (Exclamaciones de: "¡Viva!")

¡Vivan eternamente los héroes de la patria! (Exclamaciones de: "¡Viva!")

¡Viva la Revolución socialista! (Exclamaciones de: "¡Viva!")

¡Viva Cuba libre! (Exclamaciones de: "¡Viva!")

¡Patria o Muerte!

¡Venceremos!

Si bien el discurso posee una dosis altísima de populismo deliberado, existe un detalle que merece especial atención por vincularse muy de cerca al tema que nos ocupa, y me refiero al tono despectivo con el que Castro se refería al millonario catalogándolo de "mercenario", y a los hijos de éstos como "hijitos de los ricos". **Este detalle en particular, ha logrado conectar a todos los socialistas en el mundo bajo una misma estrategia: conquistar a millones de adeptos para su agenda.** Más adelante, descubriremos el factor psicológico de este fenómeno, los beneficios acarreados para quienes lo practican y su impacto ulterior en la vida de los pueblos.

A pesar del extenso número de discursos similares durante su carrera política, cuando Fidel Castro llegó al poder manifestó no ser comunista y siempre descartó la idea de establecer un régimen socialista dentro de Cuba. Bueno, si es que lo era, lo supo ocultar muy bien como acostumbran hacer estos personajes henchidos de populismo y que llegan un día de la nada con una agenda desconocida bajo el brazo. Esta posición anticomunista durante sus primeros años, jamás la conocí en la isla debido a la férrea censura del gobierno sobre la información y la prensa. Cuando yo nací, la revolución cubana llevaba 12 años en el poder.

A continuación, me haré eco de algunas de las citas de Castro al inicio de su gobierno mientras engañaba burdamente al pueblo de Cuba. A pesar de la fuerte inconsistencia política que mostraba en sus intervenciones, la mayoría de la población decidió entregarse a su halo populista y mesiánico. Medio siglo después, Cuba padece los efectos de aquel imperdonable error.

Fidel Castro expresó:

"Quien dice libertad de prensa, dice libertad, dice libertad de reunión; libertad de reunión y derecho a elegir libremente, no

solo al Presidente, sino los trabajadores a elegir a sus dirigentes. Derechos que no se pueden arrebatar..."

Discurso en Camagüey, Cuba

Enero 5, 1959

***

"Cuando se suprime un derecho se termina por suprimir todos los demás derechos, desoyendo la democracia. Las ideas se defienden con razones, no con armas. Soy un amante de la democracia."

Declaraciones a la prensa,

La Habana, Enero 7, 1959

***

"Para implantar una Dictadura, bastan unos cuantos. A los miles de soldados los mandaban unos cuantos generales, tenían a los soldados engañados, les habían prohibido pensar..."

Club de Leones, La Habana,

Enero 12, 1959.

***

"Yo no soy Comunista ni tampoco el movimiento, pero no tenemos que decir que somos anti-comunistas por agradar al extranjero..."

Declaraciones de Prensa,

La Habana, Enero 13, 1959

***

"Los que hablan de democracia deben empezar por saber en qué consiste el respeto a todas las ideas, a todas las creencias, en qué consiste la libertad y el derecho de los demás... no perseguimos a nadie... En los propios Estados Unidos hay un periódico comunista, hay organizaciones comunistas. El otro día hubo una discusión en una estación de radio entre católicos y comunistas, estaban discutiendo ideas. Discutir ideas con razones, es como se deben discutir a la luz pública. Si perseguimos a un periódico y lo clausuramos, ¡Ah!, cuando se empiece a clausurar un periódico, no se podrá sentir seguro ningún diario, cuando se empiece a perseguir a un hombre por sus ideas políticas, no se podrá sentir seguro nadie, cuando se empiece a hacer restricciones, no se podrá sentir seguro ningún derecho."

"La Democracia es derecho para unos y para otros, que se discutan todas las teorías, todas las prédicas que se escriban, que se discutan, porque el hombre es razón y no fuerza, el hombre es inteligencia y no imposición y no capricho, que se hable, que se discuta, que lo que nosotros estamos buscando en esa libertad donde todas las ideas se discutan, en que todos tengamos derecho a pensar, libertad para escribir, libertad para reunirse, para todos los actos lícitos y legales. Hay que darle al hombre más cosas, hay que darle libertad, pero hay que darle fundamentalmente, la amplia oportunidad de satisfacer sus necesidades. El hombre es verdaderamente demócrata... Y aunque sea en una esquina y donde lo oigan 20 personas si no lo pueden oír 100, ese hombre pueda expresar su pensamiento. Y si quieres sacar en mimeógrafo una tesis política que la imprima y la reparta en la Universidad sin que se lo lleven a la estación de policía. Es conveniente que nosotros pensemos que al hombre no solamente hay que darle libertad para que su individualidad se desarrolle debidamente y libremente, sino también darle la oportunidad de vivir, porque tiene que vivir

bajo techo, vestir, comer y no solamente eso, divertirse y pasear..."

Ante la Prensa, CMQ TV

La Habana, Abril 2, 1959.

***

"Respeto al Comunismo, solo puedo decirles una cosa: No soy comunista, ni los comunistas tienen fuerza para ser factor determinante en mi país..."

Discurso en la Sociedad Norteamericana de Editores de Periódicos de Washington, DC. USA.

Abril 18, 1959

***

"Como voy a ser yo comunista... de donde voy a traer yo el comunismo, padre?"

Dic. De 1958, Al P. Llorente, jesuita.

***

"El M-26 nunca ha hablado de socialismo, ni de nacionalizar industrias... desde el principio hemos hablado de restaurar la Constitución de 1940, que establece claramente las garantías, derechos y obligaciones para todos los elementos que participan en la producción, incluyendo la libre empresa y la inversión foránea"

Fidel Castro a Jules Dubois / 24 de mayo, 1958

***

"No me rompí el pescuezo luchando contra una dictadura para

caer en manos de otra. El imperialismo soviético es igual al imperialismo norteamericano"

Julio de 1958 / Entrevista con J. Meneses, español.

***

- "No somos comunistas. Hay algunos elementos comunistas en el gobierno, pero su influencia es nula. Yo no estoy de acuerdo con el comunismo. Cuba no nacionalizará ni expropiará propiedades privadas extranjeras y buscará, al contrario, inversiones adicionales"

Declaración a la prensa/Washington, abril de 1959

***

"No somos ni seremos comunistas. Nuestra Revolución es genuinamente democrática, genuinamente cubana"

Fidel en el Club de Leones/13 de Enero de 1959

***

"De ninguna manera caeremos en la órbita del Comunismo internacional, puesto que nunca recibimos ayuda de ellos para hacer la revolución, ni la pediremos para defenderla. Nos apoyaremos en la opinión pública de los pueblos de América"

Periódico Revolución/23 de Enero de 1959

***

"Mira Rufo, yo estoy dejando que los comunistas asomen la cabeza y así saber quiénes son. Y cuando lo sepa, los vuelo a todos con la orilla de mi gorra"

A Rufo López Fresquet en Washington/abril de 1959.

***

"El Comunismo es una dictadura de clase y yo he luchado toda mi vida contra las dictaduras. Por eso no soy comunista. El comunismo predica el odio de clases, la lucha de clases y yo estoy contra eso. No se puede confiar en los comunistas."

Al Prof. José Ignacio Rasco/abril de 1959

***

"Quiero aclarar aquí que yo no soy comunista, porque estoy seguro de que lo primero que van a querer decir después de esta campaña, es que nosotros somos comunistas. Nosotros antes que nada sentimos los intereses de nuestra patria y de nuestra América"

Conferencia de Prensa/Fernando Benítez / 22 de enero de 1959.

Creo que después de analizar la posición ambigua de Fidel Castro antes y durante su llegada al poder de Cuba, nos queda claro el fiasco que sus promesas resultarían para millones de personas que en la isla y en el mundo, habían creído ciegamente en su persona. Pero además de aquel cruel y pérfido engaño, traicionaría los ideales por los cuales miles de compatriotas habían ofrendado sus vidas a lo largo del camino.

Casi dos décadas después, el propio Castro ofrecería una entrevista a la periodista y presentadora de televisión estadounidense Barbara Walters, donde reafirmaba el nuevo rumbo que había concebido para la incipiente Revolución Cubana. Rumbo que como verá, nada tenía que ver con las promesas realizadas al pueblo cubano antes y durante sus comienzos.

Una vez analizado el siguiente fragmento, el lector comprenderá **porqué un régimen socialista no podría funcionar jamás en**

ninguna nación que lo implantase.

Barbara Walters: Los periódicos, la radio, la televisión, dibujos animados, están bajo el control del Estado. A ningún disidente u opositor le está permitida su presencia en los medios públicos.

Fidel Castro: Bárbara, nosotros no tenemos las mismas concesiones. Nosotros no tenemos el concepto de libertad de prensa que tienen ustedes. Y desde luego eso lo digo con toda honestidad, no tengo que ocultar absolutamente nada. Si nos preguntan que aquí puede aparecer un periódico contra el Socialismo, le digo francamente que no puede aparecer. No lo permitirá ni el partido, ni el gobierno, ni el pueblo...

Barbara Walters: ¿Por qué?

Fidel Castro: En ese sentido no poseemos la libertad de prensa que poseen ustedes en Estados Unidos.

¿Capricho o legalidad? Aunque el lector lo dude, la respuesta es muy sencilla: un tipo de legalidad que solo puede coexistir en un país socialista donde la propia Constitución atribuye poderes absolutos a la máxima figura del gobierno; un fenómeno que analizaremos de cerca en el próximo capítulo.

III. DEL SOCIALISMO AL CAPITALISMO

Mi transformación

Mi divorcio ideológico con el régimen comenzó a la edad de 14 años y ocurrió de un modo singular. En una clase de 9no grado, la profesora solicitó la entrega de un material histórico-investigativo y sugirió *El Capital*[1] de Karl Marx como fuente de consulta. Sin titubear, me personé en la Biblioteca Nacional José Martí en la capital cubana y pedí prestado el tomo primero del emblemático libro. ¡Cuán lejos estaba yo de imaginar que sus páginas romperían el mito que me había formado en mi mente con respecto al Socialismo! En una fría noche del mes de diciembre, si la memoria no me falla, establecería ese primer contacto con aquel enorme y pesado mamotreto que apenas si podían sostener mis manos.

Solo tres días me tomó concluir el proyecto de la escuela.

---

[1] *Compendio o tratado económico-político sobre las relaciones de producción, distribución y el dinero bajo un sistema de economía capitalista.*

Recuerdo que la profesora me felicitó y yo le respondí que era yo quien le agradecía su sugerencia, pues *El Capital* había sido un libro que durante años había deseado leer.

—¿Deseabas leer *El Capital*? —Me sorprendería ella con cierta extrañeza en el tono de su voz.

—Sí profesora… —le respondí enseguida.

—¿Puedo saber la razón de tu interés? No me tomes a mal la pregunta Ahmed, pero me llama la atención que un joven como tú sienta ese tipo de inclinación hacia un libro tan complejo como ese.

—Por supuesto que sí profesora, tengo mis razones. En el futuro me gustaría estudiar Economía Política, y creo que *El Capital* me ofrecería una amplia introspección sobre esa carrera llegado el momento. Además, tengo entendido que su contenido, desarma al sistema capitalista como tal y expone a la luz sus vínculos más ocultos. No sé porqué, pero siento que ha llegado la hora de conocer al Capitalismo desde dentro.

—Bueno Ahmed, *El Capital* no es un material que deba leerse a la ligera. La obra posee una profundidad enorme en muchos de sus términos y conceptos. No es de fácil lectura, pero celebro tu intención.

— Gracias profesora, me tomaré el tiempo necesario para estudiarlo, definitivamente es un hecho que lo haré. Sería el fin de nuestro intercambio aquel día ya próximo a la hora de salida.

Sin la presión de la escuela por delante y ávido de interés por saber, comencé a leer finalmente y de lleno *El Capital*. Para ello, había habilitado una pequeña agenda con el objetivo de tomar notas. Meses duraría aquella aventura, y hasta mi vida cambiaría muchísimo en lo adelante, pues las salidas con amigos se interrumpieron y mi única distracción se limitó al ir y venir de la escuela. Las tardes, las noches y fines de semanas, fueron entregadas con devoción a la obra insigne del economista alemán que viera la luz a mediados del siglo XIX. Aquel primer libro de *El Capital* se titulaba: *El proceso de Producción del Capital.*

Bien, me gustaría compartir algunas de aquellas conclusiones que tanto influirían en mi transformación, conclusiones que años después ya en el destierro, agregaría a una pequeña publicación titulada: *Cuba en Pos de su Sentencia.* Y es que a partir de entonces, mi visión sobre el *Estado Socialista de obreros y campesinos*[2] del cual formaba yo parte, nunca más sería la misma. Pretendía desarmar al Capitalismo, ¿lo recuerda? Pues terminé desarmando al Socialismo sin proponérmelo y años después combatiéndolo como he hecho.

Le anticipo que la terminología empleada en las siguientes citas, es muy propia de *El Capital.* Mientras más escribía, más fijaba tales conceptos en mi mente, ya de por sí saturada por el adoctrinamiento y la fanfarria del régimen, pero que tanto me serviría de aprendizaje. **Sí le pido al lector una mayor atención al leerlos, pues para mí marcaron un antes y un después en mi modo de ver el Socialismo** y de seguro le servirá de base en su análisis, mientras nos adentramos en el contenido de este libro.

De inmediato, algunos de los textos más relevantes de aquellas anotaciones:

[...] En la obra cumbre del economista alemán, El Capital, tomo I, Marx divide a la sociedad capitalista en dos grandes polos opuestos. De un lado se halla la clase burguesa, propietaria

---

absoluta de los medios de producción y de vida; del otro la clase trabajadora, que no posee más que su capacidad productiva o fuerza de trabajo que tiene que venderla a cambio de un salario al capitalista. Ambos polos se enfrentan en el mercado dispuestos a establecer el proceso de compraventas. ¿Por qué compraventas? Veamos.

Según Marx, todo lo que se compra y se vende es mercancía. Toda mercancía debe además cumplir dos funciones que les son intrínsecas; la primera tiene que tener valor de uso; la segunda, valor de cambio. Una mercancía que no sea destinada al uso o al cambio por otra, no es mercancía. Por lo tanto, como el capitalista no le compra al obrero su trabajo en cuestión sino su fuerza de trabajo, establecerá con ella el proceso de compraventa. El burgués, la compra con su dinero; el obrero, su propietario, la vende por un salario que le servirá para cubrir sus necesidades perentorias como lo son alimentación, vestimenta, transportación, etc. Este proceso de compraventa demuestra que la fuerza de trabajo es una mercancía más dentro del mundo mercantil del sistema capitalista. Según el propio Marx, la particularidad que posee esta mercancía y la diferencia del resto de las demás es que al comprarla, se está adquiriendo la producción de tantas otras que también encierran una fuente encarecida de valor.

Pues bien, sentado esto, se inicia la producción capitalista. El señor del capital ha extraído su dinero de las arcas y ha iniciado su proceso de compraventa de la fuerza de trabajo obrera. Concluida su labor, la mercancía producida será empacada y posteriormente conducida a los mercados donde por un precio mayor a su coste, será convenientemente vendida, lo que constituirá el remanente en ganancias para el capitalista, cumpliéndose así el denominado ciclo que representa al capital: Dinero-Mercancía-Dinero incrementado (D-M-D'). Dicha fórmula justifica lo que él ha denominado como explotación del hombre por el hombre bajo el régimen capitalista de producción.

*Vamos pues a la realidad cubana. En Cuba los medios de producción y de vida en lugar de los capitalistas, pertenecen al Estado. Frente a él, se halla la clase obrera asalariada dependiente de un salario que éste le paga a cambio de su labor. Este enfrentamiento entre el dinero y la fuerza de trabajo en el mercado, rompe totalmente el mito que ha intentado propagar el gobierno cubano de que en Cuba el poder económico se halla en manos de los trabajadores. **El poder no podría ser nunca del que percibe un salario, sino del que lo paga.** Esa es una realidad incuestionable.*

El Estado, respondiendo al ciclo que representa al capital: D-M-D' compra, al igual que el capitalista, la mercancía fuerza de trabajo a través del salario. Repitiéndose el proceso, el producto elaborado lo distribuye en el mercado a un costo superior, extrayendo finalmente la plusvalía o ganancia que le hará fortalecer su poder frente a la desposeída clase obrera cubana. Independientemente que de una parte de esa ganancia se resten los fondos necesarios para sufragar los servicios sociales tales como educación y salud que a propósito los analizaremos más adelante, es importante destacar que no por ello, dejan de cumplirse en la economía cubana las mismas leyes y procedimientos que definen a cualquier economía capitalista. Terminologías tales como mercancía, dinero, salario, compraventa, mercados, etc., y sus relaciones entre sí, constituyen, al igual que aquella (economía capitalista), su base incuestionable.

Entonces, ¿en qué consiste la diferencia entre la economía de un país capitalista y la de Cuba socialista? Pues la misma radica en que mientras en la primera el capital se haya distribuido entre muchos capitalistas y a los obreros se les reservan opciones tales como la de cambiarse de patrón cuando lo estimen conveniente o reunir algún dinero y llegar a ser capitalistas algún día; en la economía cubana el capital se halla en manos de un solo dueño, el Estado, personificado en el presidente de su Consejo, Fidel Castro, dejándole al obrero en la isla como únicas opciones la de morir asalariado a merced de su maquinaria estatal y carecer de cualquier alternativa en cuanto a establecer su propio capital en el futuro.

Tras este exhaustivo análisis, —continué observando mientras permitía al propio Marx extraer la conclusión por mí— *sería muy prudente recordar un sabio consejo que Carlos Marx le legara a la clase obrera en la página 185 del tomo primero de su obra El Capital. Textualmente reza así: "El poseedor de la fuerza de trabajo y el poseedor del dinero se enfrentan en el mercado y contratan de igual a igual como poseedores de mercancías, sin más distinción ni diferencias que la de que uno es comprador y el otro vendedor: ambos son, por lo tanto, personas jurídicamente iguales. **Para que esta relación se mantenga a lo largo del tiempo es pues, necesario, que el dueño de la fuerza de trabajo solo la venda por cierto tiempo, pues si la vende en bloque y para siempre, lo que hace es venderse a sí mismo, convertirse de libre a esclavo, de poseedor de una mercancía en mercancía.*"

Y más adelante sigue: "Es necesario que el dueño de la fuerza de trabajo considerado como persona, se comporte constantemente respecto a algo que le pertenece y que es, por lo tanto, su mercancía, y el único camino para conseguirlo es que solo la ponga a disposición del comprador y solo la ceda a éste para su consumo pasajeramente, por un determinado tiempo, sin renunciar por tanto a su propiedad, aunque ceda a otro su disfrute."

Carlos Marx ha dicho la última palabra. Teóricamente ha condenado a un sistema que desde siempre lo ha realzado como a su guía y maestro. Ha dicho que el obrero dentro de Cuba, no solo sufre los rigores de una economía capitalista sino también el peso inequívoco de la esclavitud. Los servicios supuestamente gratuitos tales como salud y educación que se ofertan a la población provenientes de la explotación de la masa asalariada, tienen una razón lógica y aceptable dentro de este engranaje esclavo que en pleno siglo XX se ha desatado contra la nación cubana. En el plano de la salud, una población saludable físicamente puede rendir diez veces más lo que una población enferma y básicamente débil podría hacerlo en iguales condiciones de trabajo. Y en cuanto a la educación, lejos de constituir un sacrificio para las arcas del Estado, sería la mejor respuesta a una economía que ha intentado siempre introducir la más avanzada tecnología en sus diferentes ramas y sectores a través de la elevación del nivel cultural y técnico de toda la sociedad, con miras a lograr la tan anhelada riqueza que sus gobernantes poseen en la actualidad.

Si en Cuba el capitalismo es evidente, la esclavitud es completa.

Fin de la cita.

Los argumentos expuestos por Marx mientras examinaba la relación *Capitalista-Obrero* bajo un sistema de economía capitalista; **contrastarían con el enfoque que él mismo había reservado para su propio proyecto: el de una economía de monopolio estatal en reemplazo a la privada.** En su publicación *El Manifiesto Comunista*, Karl Marx enunciaría en ese sentido, lo siguiente: *El proletariado se valdrá de su supremacía política para **ir despojando gradualmente a la burguesía de todo el capital, y centralizará a todos los medios de producción en manos del Estado**, es decir, del proletariado* *organizado como clase dominante; y para lograr un incremento de las fuerzas productivas lo más rápido posible.*

Contradictorio e interesante, ¿cierto? Desglosemos. El Marxismo-Leninismo estudió a profundidad el sistema capitalista y cuando concibió el suyo propio, lo edificó sobre su misma plataforma, aquella que tanto repudiara y condenara. Reemplazó a los capitalistas por el poder del Estado y a él traspasó la producción, la distribución y el dinero. Cambió a la clase obrera de empleador y de esta forma, derribó sus antiguos privilegios de cambiarse de patrón si así lo desease, o incursionar en el mundo de los negocios si fuera esa su intención. El nuevo empleador, el gobierno, pasaba a ser la única opción del trabajador; o lo tomaba y aceptaba como venía, o perecería sin los recursos económicos para seguir viviendo, o sea, sin su empleo.

Días después de haber llegado a esa conclusión, convidé a una cita a un gran amigo de la infancia, cuya pasión por la llamada "Revolución Socialista" era evidente y contagiosa. Eso sí, sabía que lo que hablara con él ahí quedaba. Era una de las pocas personas en quién confiaba dentro de la isla. Como no tengo su autorización para mencionarle en este libro y hasta donde sé, él aún reside en Cuba, lo llamaré por el nombre de "Abel". Al momento del encuentro, recuerdo que mis primeras palabras fluyeron sin pensar, hasta obvié el saludo inicial de rutina. Sé que tú crees en el Socialismo como creía yo, le empecé diciendo, pero hay algo que tienes que saber. Me atrevo a pensar que si el 100% de los que hoy se autoproclaman socialistas en el mundo ven lo que yo he visto ahora, abandonarían sus filas para siempre, es así de serio lo que tengo que decirte.

Mi amigo frunció el ceño y se rascó ligeramente la cabeza; su mirada quedó perdida por unos segundos, pero se incorporó cuando posé mi mano sobre su hombro y le dije con voz pausada: vamos en un rumbo sin sentido que no nos conducirá a ninguna parte.

—¡Hombre!, exclamó, ¿a qué te refieres? Tu tono me asusta.

—¿Ves esta agenda? —le pregunté.

—Sí, me respondió en el acto.

—Pues bien, esta agenda contiene mis impresiones sobre el primer tomo de *El Capital*, ya terminé de leerlo.

Abel sabía que parte de mi tiempo lo dedicaba a estudiar *El Capital*, solo que ni él ni yo imaginábamos que aquel libro cambiaría nuestras vidas para siempre. Sin perder un segundo, le leí todas mis anotaciones. De tanto en tanto lo miraba, y él no parecía salir de su asombro.

—¿Sabes Ahmed? me cuesta mucho trabajo creer lo que me dices, me indicó sin apartar su vista de la mía.

—Te comprendo Abel —le respondí—, no se trata de lo que tú o yo creamos, sino de abrirnos a la realidad que tenemos ante nosotros.

—Aunque entendí lo que me leíste, hay ciertas cosas que no me quedan claras —me respondió en tono dudoso pero a la vez sosegado.

—Ok, —me apresuré a decirle previendo por donde vendría su inquietud— buscaré una forma mejor de explicártelo, pues de veras necesito que comprendas esto que me quema por dentro y viene a tirar por tierra todo aquello en lo que he creído y por lo que he luchado. Vamos a suponer, y éste es un ejemplo hipotético, que no vivimos en Cuba sino en Canadá, por mencionarte un país capitalista cualquiera y que decidimos visitar al dueño de una fábrica de zapatos. El dueño de esa fábrica tiene 100 empleados a quienes les paga un salario a cambio de su labor, ¿es o no es capitalista ese señor?

—Sí lo es, por supuesto… —me respondió enseguida mi amigo.

—Bien, nosotros le propondremos algo atractivo. Vamos a preguntarle si le gustaría recibir la propiedad de todos los negocios existentes en Canadá, de manera que pudiera establecer con cada trabajador, las mismas relaciones capitalistas que hoy establece con sus actuales empleados; les pagaría un salario a cambio de su labor y ahora todo el país trabajaría para él. ¿Crees tú que aceptaría nuestra oferta?

Abel sonrió mientras asentía con su cabeza y balbuceó de modo espontáneo:

—Bien tonto fuera si no lo hiciera.

Y entonces le volví a preguntar:

—Si eso ocurriera, ¿cambiaría su condición de capitalista?

Abel guardó unos segundos en silencio, y ante su expresión vacilante, yo proseguí.

—En otras palabras, el hecho de reemplazar a sus 100 asalariados por millones sin alterar su sistema de interacción con ellos, ¿le haría cambiar su naturaleza capitalista?

—Claro que no Ahmed, es el mismo capitalista de siempre, solo que ahora es un capitalista mayor al disponer de un monopolio gigante con miles de negocios bajo su mando y millones de obreros asalariados.

—¡Ya lo entendiste amigo! exclamé satisfecho, ahora todos serían empleados de ese gran capital, la suerte para esas familias está echada, quedarían encadenadas a su dominio por completo.

Y como el que paga manda, nuestro amigo capitalista crearía nuevas pólizas y regulaciones para gobernar los miles de negocios adquiridos, redactaría una nueva Constitución que respondiera a sus nuevos intereses, de modo que proveyese a su adquisición de una "apariencia legal", capaz de justificar su proceder ante el mundo. ¡Ah! y por supuesto, atraería el apoyo de incautos e ignorantes con una fraseología diferente: "dictadura del proletariado", "Estado de obreros y campesinos", "nacionalización —no monopolización— de los medios de producción"... ¡Bum!

Para Abel y para mí, todo empezaba a tener sentido dentro de aquel insólito experimento implantado en Cuba. A pesar de que la propaganda oficial nos recordaba todo el tiempo que vivíamos en el paraíso y nosotros habíamos optado por creerlo; los males que aquejaban al país como el hambre, la miseria permanente, la ausencia de derechos y libertades, y las enormes desigualdades sociales entre los funcionarios que detentaban el poder de un lado y el resto de la población del otro, encajaban cada vez menos en aquel marco "paradisíaco" donde supuestamente vivíamos los cubanos.

Y como toda causa tiene su efecto, aquella rígida estructura económica de monopolio estatal pasaría a convertirse en la causa o razón del desastre, y el propio desastre en su efecto infalible. Y es que al extinguirse el incentivo de la competencia privada en el individuo y transferido éste a sus actuales gobernantes, la ineficiencia, la desmotivación e inoperancia minaron las bases de la sociedad misma, dando como resultado a su actual estado de miseria y abandono.

En tono jocoso, Abel trajo a colación la famosa frase del rey de Francia Luis XIV cuando dijo: "El Estado soy Yo", mientras la comparaba al gobierno cubano: "Yo" contrato, "Yo" pago, "Yo" despido, "Yo" decido qué se lee, cómo se piensa, cómo se actúa.

"Yo" decido qué comes, "Yo" decido sobre tu casa y tus bienes, "Yo" autorizo tus movimientos dentro del país o tus salidas al exterior, "Yo" decido si vas a prisión o permaneces en la calle, "Yo" decido si vives o mueres, "Yo", "Yo", "Yo" y siempre **"Yo"**... ¡Uf! ¿Dónde estamos metidos Ahmed?

Entonces, recuerdo, llegarían las recriminaciones hacia nosotros mismos. Un sinnúmero de preguntas invadieron nuestras mentes. ¿Cómo no pudimos imaginar que el ser humano antes de adoptar una ideología como la que habíamos adoptado, necesitaba satisfacer necesidades básicas como la libertad de pensar, hablar y opinar? ¿Cómo fue que no pensamos que más allá de dogmas o conceptos fabricados, teníamos necesidad de informarnos libremente, de ir a donde quisiéramos sin ataduras y exigir públicamente el derecho a nuestros derechos? ¿Cómo no pensamos que nuestros padres deberían haber tenido el derecho de escoger el tipo de educación que deseaban para nosotros, sus hijos? ¿Cómo era posible que en una sociedad verdaderamente libre, no tuviésemos derecho a establecer negocios y haber contado con el apoyo e incentivo del gobierno para ello? ¿Por qué no se nos ocurrió pensar que una ideología como la socialista, que suprimía los derechos mencionados en tiempo real, jamás podría ser buena o perseguir loables propósitos? Y ante "tantas interrogantes" acompañadas de tantas "sin respuestas", solo llegamos a una triste conclusión: resolvimos vivir en una burbuja ficticia que nos fabricaron, y nos rehusamos a ver la luz que teníamos delante.

Cada lectura, cada análisis e intercambio de palabras con mi amigo, reavivaba más el fuego por saber. Para mí no bastó el análisis teórico realizado, utilizando el único recurso que una sociedad comunista me brindaba para ello, su propia literatura. Yo quise ir más allá, seguir buscando e indagando, llegar hasta el final de todo aquello en que crecía y que creía conocer.

El poder y las leyes

En medio de aquella búsqueda, vine a dar con el libro *El Espíritu de las Leyes* del filósofo francés Charles-Louis de Secondat, más conocido como *Montesquieu,* el cual sería decisivo en mi análisis sobre el tema. El material lo hallé un día de casualidad mientras esperaba por el bus en una parada de ómnibus en La Habana, cuando un vendedor de libros ambulantes, echado en el suelo, lo ofrecía clandestinamente a los transeúntes.

En su libro, *Montesquieu* demostraría que para que una sociedad fuera genuinamente democrática, necesitaba establecer la tripartición de poderes constitucionales del Estado. Esto significaba que los tres poderes existentes en cualquier sociedad como el *Poder Legislativo*, el *Poder Ejecutivo* y el *Poder Judicial*, debían conservar su propia autonomía e independencia en el ejercicio de sus funciones. Entre la promulgación de una ley por parte del Legislativo y su consiguiente aprobación y ejecución por parte del Ejecutivo, debe existir un margen de respeto que conlleve a la no incursión en los asuntos internos de ambos. Además, cuando los poderes actúan por separado y quienes lo componen son funcionarios que han sido democráticamente electos en su propia jurisdicción o zona de residencia —un punto que analizaremos a profundidad cuando abordemos la estructura de gobierno de Estados Unidos—, las decisiones no se toman unilateralmente; las propuestas se discuten, se canalizan o se restringen por quienes conforman dichas cámaras o poderes, quedando todo bajo el escrutinio público, sobre todo de aquellos votantes que una vez les premiaron con su *elección* o que podrían no *reelegirlos* si así lo deciden con su voto. He ahí la mayor garantía para que un gobierno se autodenomine democrático.

Ahora bien, cuando un país como Cuba declara en su propia Constitución que el individuo que encabeza su gobierno asume los cargos de Primer Secretario del Comité Central del Partido Comunista *(único partido político que ostenta el poder)*, Presidente del Consejo de Estado *(Poder Legislativo)*, Presidente del Consejo de Ministros o de Gobierno *(Poder Ejecutivo)* y Comandante en Jefe de las Fuerzas Armadas de la nación, ya no solo se está violando el principio democrático de la tripartición de poderes constitucionales del Estado al centrar en una sola mano todos estos poderes, sino que por lo mismo, se le da "cuerpo legal" a la existencia de un ya bien conocido modelo de dictadura: la *dictadura político-militar*, diametralmente opuesta a un gobierno democrático. Creo oportuno agregar que la Constitución Socialista en Cuba, constituye en esencia una copia al carbón del resto de las constituciones socialistas que le precedieron y que conformaron el antiguo bloque soviético.

Si bien la Constitución Socialista vigente no corona a la figura del Jefe de Estado y Gobierno con la presidencia del tercero y último poder, o sea el judicial, su articulado es bien específico cuando literalmente expresa en su capítulo XIII, concerniente a Tribunales y Fiscalía, lo siguiente:

"Artículo 120: La función de impartir justicia dimana del pueblo y es ejercida a nombre de éste por el Tribunal Supremo Popular y los demás tribunales que la ley instituye. La Ley establece los principales objetivos de la actividad judicial y regula la organización de los tribunales, la extensión de su jurisdicción y competencia, sus facultades y el modo de ejercerlas, los requisitos que deben reunir los jueces, la forma de elección de éstos y las causas y procedimientos para su revocación o cese en el ejercicio de sus funciones." En el artículo 121, se concretiza aún más su concepto cuando ratifica que: *"Los tribunales constituyen un sistema de órganos estatales, estructurado con independencia funcional de*

cualquier otro y subordinado jerárquicamente a la Asamblea Nacional del Poder Popular y al Consejo de Estado."

Esta subordinación jerárquica de los tres poderes constitucionales a la figura del dictador cubano atribuida por la propia Constitución, me alarmó todavía más. Recordemos que Cuba, al establecer un sistema socialista en 1961, nacionalizó la economía nacional poniéndola enteramente en función del Estado. De modo que, en lo adelante, cualquier actividad industrial, comercial o bancario-financiera, correría a manos de la administración estatal. El Estado, a través de su Consejo de Ministros, creó nuevos ministerios con sus correspondientes organismos y empresas en todas las ramas y sectores de la economía, expandiéndolos por todo el país con el objetivo principal de controlar hasta la más remota actividad económica y por ende el último centavo. Monopolizada la República, la economía nacional pasaría al Poder Ejecutivo que como vimos, está controlado por el Primer Secretario del Partido Comunista de Cuba, el dictador cubano Fidel Castro en aquel entonces y su hermano Raúl en el presente. Este control absolutista de la economía por parte de un gobierno o persona en un país determinado, desemboca en lo que se conoce como *dictadura económica.*

De acuerdo con esta particular fusión entre la *dictadura político-militar* con la *dictadura económica,* es lo que la historia conoce como *dictadura totalitaria.*

Como había mencionado, mi círculo de confianza dentro de Cuba era bastante reducido y estaba conformado en su mayoría por personas identificadas con el régimen comunista. Sin embargo, aquella situación no me impidió compartirles las conclusiones a las que había arribado sobre nuestra realidad. Las respuestas obtenidas fueron muy similares a las que obtuve de mi amigo Abel: *¡Inaudito! ¿Cómo era posible que no nos* *hubiésemos percatado antes? ¿Entonces somos esclavos? ¡Pero si lo hemos tenido frente a nosotros durante años!* Y así continuarían las reacciones ante mis notas.

En medio de todo aquello, recuerdo un par de casos que me llamaron la atención por su singularidad, usted verá el por qué.

Una compañera de clases que entonces militaba en las filas de la Unión de Jóvenes Comunistas, abrió sus ojos después de leerle mis observaciones y dejando escapar una risa burlona, exclamó: ¡Pero esto parece un chiste de mal gusto! Es la misma filosofía que nos han inculcado a todos. Me cuesta creerlo, pero… ¿sabes qué Ahmed? Esto tiene que saberlo la gente, sobre todo aquella que milita en la Juventud y el Partido *(Refiriéndose a la Juventud y al Partido Comunista).* ¡Esto es un engaño! ¡Nos han tomado el pelo miserablemente!

Otro amigo, que si bien no era militante del Partido o la Juventud Comunistas, confrontaba a cualquiera que osara hablarle mal de Fidel Castro. Él no era una mala persona, solo que vivía con una venda en los ojos y se sentía feliz dentro de esa burbuja que le habían creado. Y sin presunciones de ningún tipo, yo era una de las pocas personas a quien escuchaba, por lo que no me fue difícil compartirle mis notas. Su reacción fue ocurrente e inesperada:

—Pero y entonces, ¿también Marx se va a poner contra nosotros?

—Bueno chico, Marx solo hizo un análisis del Capitalismo, mas creo que no pensó que su análisis pudiera enfilarse contra el sistema que en el orden social deseaba instaurar —le atiné a responder mientras trataba de convencerme a mí mismo de todo aquello que aún me costaba trabajo digerir.

—¿Pero en qué nos hemos convertido entonces? ¿Cómo es eso

de que somos esclavos de Fidel? Piensa un poco lo que estás diciendo Ahmed, eso es algo de veras muy serio —continuaba preguntándome con voz atropellada y temblorosa, como si temiera encarar la verdad.

Mi respuesta, recuerdo, afloró a mis labios sin pensarla, pero fue en aquel momento contundente:

—**Ándate a un simple negocio en cualquier país capitalista, reemplaza a su dueño por el Estado y a sus empleados por todos los empleados del país y mira ver qué nombre le das al nuevo capitalista.**

Mi amigo cambió de golpe su rostro, una expresión de frustración se adueñó de su semblante y en tono más convencido, respondió:

—Tiene mucho sentido lo que me dices, jamás lo había visto de ese modo.

—Por supuesto, le interrumpí, ellos no querían que lo viéramos de ese modo; han escogido las palabras adecuadas para crearnos una falsa ilusión de todo esto.

—Pero y entonces Ahmed, volvió a preguntarme, ¿qué estábamos defendiendo hasta ahora?

—No te sientas mal amigo mío, le contesté, que nos ha pasado a todos. Imagino que millones de seres en el mundo estarán por despertar de este letargo del que hoy lo hemos hecho nosotros. Por eso hay que alertar a quienes podamos, pues si esto es así, Cuba no irá a ninguna parte bajo este sistema, al contrario, quedará arruinada y devastada al final de esta historia; vivir por ver.

Cuando la lista de familiares y amigos se agotó, no reparé en continuar compartiendo las buenas nuevas con algunos conocidos. Me sentía bien haciendo aquello, experimenté una gran transformación dentro de mí y por primera vez, había encontrado un propósito útil a mi vida. Sorprendido veía cómo la miopía política de la cual habíamos sido víctimas por la dictadura comunista durante años, se alejaba por convicción de nuestras mentes y de nuestras vidas para siempre.

El proceso electoral

Si bien Abel y yo éramos grandes amigos, las buenas nuevas nos uniría aún más. Él por su parte y yo por la mía, continuábamos en busca de material que nos permitiese seguir adelante, esclareciendo todo aquello que la irracionalidad había logrado sepultar y habían bautizado con el sobrenombre de "Socialismo". El tío de Abel me facilitó una pequeña publicación con los 30 artículos de la Declaración Universal de Derechos Humanos, la cual me permitió confrontarla con la propia Constitución Socialista vigente, y extraer importantes conclusiones.

De esa forma, nuevos elementos aparecerían sobre la mesa y en la medida que los iba conectando, me admiraba ver cómo el sentido común iba imponiéndose en mi forma de pensar y manera de ver la vida. Mi análisis continuó sin detenerse, esta vez centré mi atención sobre el proceso electoral instituido.

Todos sabemos que tanto en Estados Unidos como en la mayoría de los países democráticos, el derecho al voto es considerado uno de los más importantes y poderosos de todos al constituir el arma principal en manos de los ciudadanos para interferir, remover y elegir a sus gobernantes. El voto premia o castiga; su sombra pulula permanentemente en las mentes de gobernantes y gobernados. Los tiranos le temen de tal forma *(al voto)*, que hacen lo que tengan que hacer para minimizar sus efectos o eliminarlos.

En la propia Declaración Universal de Derechos Humanos, proclamada y aprobada por la Asamblea General de las Naciones Unidas el 10 de diciembre de 1948 y de la cual Cuba fue signataria, se resuelve al respecto lo siguiente:

Artículo 21:

1. *Toda persona tiene derecho a participar en el gobierno de su país, directamente o por medio de representantes libremente escogidos.*
2. *Toda persona tiene el derecho de acceso, en condiciones de igualdad, a las funciones públicas de su país.*
3. *La voluntad del pueblo es la base de la autoridad del poder público; esta voluntad se expresará mediante elecciones auténticas que habrán de celebrarse periódicamente, por sufragio universal e igual y por voto secreto u otro procedimiento equivalente que garantice la voluntad del voto."*

Debido a la mayúscula importancia que la democracia universal consagra al presente derecho, Cuba, por supuesto, no podía dejar de aludirlo en su Constitución Socialista. En tal sentido, su artículo 71 nos expresa: *"La Asamblea Nacional del Poder Popular se compone de diputados elegidos por el voto libre, directo y secreto de los electores, en la proporción y según el procedimiento que determina la ley."*

¿Qué hay de verdad en todo esto? ¡Veamos!

Cuba es hoy un país dividido en provincias y municipios a lo largo y ancho de su territorio. Cada uno de sus municipios está subdividido por zonas. En dichas zonas, operan los denominados consejos populares o candidatos a la asamblea municipal, provincial y nacional del Poder Popular. En el proceso previo a las elecciones, al ciudadano se le muestra una lista de personas que han sido seleccionadas en su lugar de residencia como candidatas a las asambleas municipales, de la cual se elegirán los candidatos a la Asamblea Provincial y Nacional respectivamente. Dicha selección debió haber sido cuidadosamente efectuada por la militancia comunista radicada en la zona; de lo que se deduce que el individuo escogido, es una persona plenamente identificada con el régimen socialista y su llamado *proceso revolucionario*[3]. En otras palabras, ningún disidente o persona que se oponga a este principio elemental, podría ser electo como parte de esta lista.

Por lo tanto, una vez que el ciudadano confronta privadamente su boleta electoral y lee la relación de candidatos nominados a la Asamblea Municipal en ella, lo hace consciente de que no habrá cambio alguno en su presente y futura situación. Consumada la elección, el candidato escogido seguirá adelante en un proceso en espiral que lo conducirá a través de los respectivos órganos de poder hasta la propia Asamblea Nacional a celebrarse en el Palacio de las Convenciones en La Habana. Al referirse a ella, la Constitución en su artículo 74, dice:

La Asamblea Nacional del Poder Popular elige, de entre sus diputados, al Consejo de Estado, integrado por un Presidente, un primer Vicepresidente, cinco vice presidentes, un Secretario y veintitrés miembros más. El presidente del Consejo de Estado es Jefe de Estado y Jefe de Gobierno.

Pero como el Consejo de Estado ha sido elegido como tal desde el momento mismo en que esta Constitución viera la luz, reconociendo al entonces dictador Fidel Castro y hoy a su hermano Raúl como su Presidente, solo se ha proseguido a

---

[3] *Sobrenombre con el que se bautizó el modelo político y económico de gobierno centralizado y economía estatal establecido en Cuba tras la llegada al poder del Castrismo.*

reelegirlos una y otra vez pero con un estilo diferente, por medio del voto público en el seno de la Asamblea, no secreto, y como quedó dicho anteriormente, realizado por personas cuyo aval comunista y de adhesión a sus figuras, habrían sido probadas con creces durante el proceso de selección anterior. Mi pregunta: ¿se puede llamar a esto elecciones directas, secretas y democráticas tal y como las concibe el mundo civilizado de hoy?

Y si no está seguro de la respuesta, le dejo con un hecho importante: Los hermanos Castro llevan más de medio siglo en el poder absoluto de Cuba, la cifra de cubanos desterrados ha sobrepasado el millón y millones dentro de la isla aguardan ansiosos y en silencio por un pasaporte de salida, ¿se ha preguntado por qué?

El P.C.C. y sus organizaciones políticas y de masas

El Partido Comunista de Cuba responde a sus siglas P.C.C. Desde los primeros años de la Revolución, el gobierno estableció un sistema unipartidista de gobierno al no admitir el ejercicio de otros partidos con posturas diferentes dentro del territorio nacional. La Constitución Socialista, puesta en vigor en 1976, denominó al Partido Comunista como la fuerza política dirigente y superior de la sociedad y el Estado, cuyo radio de acción abarca toda la infraestructura laboral y educacional del país, así como su sector militar en general. A través de sus comités de bases —*denominado así a cada núcleo de la militancia comunista existente en cada centro laboral o escolar y subordinados a su Comité Central donde reside el gobierno de la nación*—, se informa a la clase obrera y al estudiantado de los lineamientos y directrices a cumplir por parte de éstos en sus respectivos puestos de trabajo y estudio, y a ser acatados sin la más mínima vacilación.

A partir del Comité Central del Partido Comunista, se desprenden una serie de organizaciones políticas y de masas que cohesiona a toda la sociedad en un todo único, lo cual garantiza el absolutismo en su gobernabilidad.

Para entender el papel de estas organizaciones dentro de la propia estructura de poder en Cuba, mencionaré alguna de ellas acompañadas de una breve reseña:

a) *Unión de Jóvenes Comunistas (U.J.C.):* Agrupa a todos los jóvenes de la sociedad cubana mayores de 15 años y menores de 30, a través de un proceso de captación. Milita, al igual que el Partido Comunista en cada centro educacional y laboral del país tanto en la rama civil como en la militar. Lucha denodadamente por mantener el adoctrinamiento comunista sobre la juventud cubana, y a través de ella, son movilizados los jóvenes hacia las actividades y actos políticos favorables al régimen socialista.

b) *Organización de Pioneros José Martí (O.P.J.M.):* Agrupa a todos los niños desde 6 a 15 años. A través de sus comités de base, se celebran actividades infantiles cuyo propósito principal es inculcarles el amor al Comunismo y la Revolución y rechacen firmemente todo cuanto pudiera rebatir dichos principios. Es también un centro de movilización de los pequeños hacia las actividades públicas en apoyo al sistema.

c) *Comité de Defensa de la Revolución (C.D.R.):* Funciona en todas las cuadras o barriadas del país para espiar de primera mano, los movimientos del ciudadano en su lugar de residencia. Cualquier pronunciamiento hecho contra la Revolución y la realidad imperante, tiene instrucciones de dar parte a la policía política. Cada Comité hace guardias nocturnas e impone una contribución mensual a los miembros de cada vecindario para sufragar los gastos de sus oficinas a nivel nacional.

d) *Central de Trabajadores de Cuba (C.T.C.):* Opera en todos los centros laborales de la isla, pero en lugar de defender los intereses de los trabajadores como ocurriría en cualquier nación libre del mundo, en Cuba es un instrumento seguro en manos del Partido Comunista para afianzar su control sobre los trabajadores. A través de una relación estrecha con los comités de bases del Partido Comunista y la Unión de Jóvenes Comunistas radicados en cada centro laboral existente, se garantiza la ideologización de la clase obrera, la participación de ésta en el cumplimiento de metas y resoluciones aprobadas por las máximas instancias del régimen respecto a la economía nacional y su forzosa movilización hacia actividades y marchas en su apoyo. La C.T.C. también promueve los trabajos obligatorios fuera de la jornada laboral, y digo obligatorios porque no son remunerados. El gobierno les ha reservado un nombre más sutil con el propósito de justificar su macabra explotación obrera, el de *trabajos voluntarios.* Por supuesto que la actitud asumida por el trabajador ante este tipo de obligaciones, positiva o negativa, es anotada en su expediente laboral que ha de acompañarle durante su vida laboral ulterior. ¿Puede imaginar el lector si alguna de esas anotaciones resultaran negativas al régimen, lo que le ocurriría a ese trabajador y a su familia? Porque este mismo expediente es transferido de empresa a empresa —*todas del gobierno como hemos visto*—, lacrado o sellado, las veces que el individuo necesite o decida cambiar de empleo.

La lista de este tipo de organizaciones políticas se extiende a otros estratos de la sociedad cubana, como por ejemplo: la

Federación de Mujeres Cubanas (F.M.C.) que registra, controla y monitorea al sector femenino en la isla, la *Asociación Nacional de Agricultores Pequeños (A.N.A.P.)* para controlar y organizar al campesinado cubano, entre otras. Todo esto da una idea del altísimo nivel de sometimiento al gobierno comunista de cada individuo en la sociedad.

Las clases sociales en Cuba

Este tema en particular ha producido mucha controversia en aquellos estudiosos del sistema debido a que este tipo de regímenes, que basan su retórica oficial en la igualdad, no deberían sufrir este tipo de fenómenos en sus sociedades. Pues bien, una cosa es la retórica y otra la realidad. Una cosa es abogar por la emancipación de los trabajadores públicamente, y otra muy diferente, la de encadenarlos al capital del gobierno sin opciones. Una cosa es repetirles hasta el cansancio que ellos gozan del poder en la nación, y otra muy diferente, la de dejarles sin los medios para ejercer ese poder. No me canso de repetir la misma frase que por su relevancia recalcara tantas veces en el libro: **"el que paga manda", y en el Socialismo, solo el gobierno paga.**

En Cuba, se pueden delimitar tres clases sociales perfectamente definidas:

1. Altos dirigentes de la cúpula gubernamental y las fuerzas armadas.
2. Extranjeros residentes en el país o visitantes.
3. Pueblo cubano.

Antes de proseguir con este tema, invito a una corta reflexión. Si a gobernantes en países capitalistas donde la economía no les pertenece, los poderes constitucionales del Estado conservan su autonomía y los cargos gubernamentales son removidos periódicamente a través de la mesa electoral, se les acusa en ocasiones de malversar los fondos públicos; ¿se puede alguien imaginar a un grupo de individuos gobernando a un país por más de medio siglo, a quienes la Constitución otorga todos los poderes del gobierno –*hacer la ley, ejecutar la ley e impartir justicia*—, le confiere el control férreo sobre la economía, las comunicaciones, la prensa y el ejército, y todo ello sin la sombra de partidos políticos de oposición de cuanto poder dispondrían?

Es sencillamente esta corta reflexión lo que justifica a Fidel y Raúl Castro en el caso cubano, poseer millones de dólares reconocidos en instituciones bancarias fuera del país, decenas de mansiones a lo largo y ancho de la isla equipadas con lo más exquisito y avanzado del mundo capitalista y enormes fincas donde junto a su séquito personal, disfrutan de las deidades de la caza siempre creciente al importarse gran número de animales desde las más intrincadas regiones del planeta. Para la élite gubernamental, los hermanos Castro crearon un marcado confort que les ha permitido vivir holgadamente. Buenos carros, casas particulares y de veraniego, pasaporte a hoteles de lujo y lugares exclusivos de descanso y el derecho a comprar en tiendas preferenciales, no disponibles al resto de la población.

El segundo sector social que alcanza una posición por encima del pueblo cubano es el turístico. Tanto para residentes procedentes del exterior como para turistas que visitan la isla, el Estado ha creado una sólida infraestructura al estilo de cualquier país capitalista desarrollado. Hoteles a todo lujo, balnearios, regios supermercados ampliamente surtidos, hospitales equipados con la más alta tecnología de la medicina moderna, centros de recreación, elegantes restaurantes, discotecas, etc.

Y en el tercer eslabón se halla el pueblo cubano, con su miseria perpetua que se ha prolongado por más de cinco décadas. Durante todo este tiempo, al ciudadano común además de privársele de todas sus libertades y derechos, se le ha exigido más trabajo y sacrificios al estilo del viejo patrón con sus esclavos, en época de la esclavitud.

Desde los primeros años de la dictadura, a la población cubana se le impuso un sistema de racionamiento que abarcó prácticamente todo, desde productos alimenticios de primera necesidad, hasta artículos de uso personal y de consumo como ropa, zapatos, enseres para el hogar, etc. El racionamiento se hace imprescindible porque en Cuba todo escasea, y la escasez constituye un factor de primer orden en todas las sociedades de corte marxista, donde el capital privado se ha suprimido de la vida de sus pueblos y con ello, la competencia, e incentivos personales, motor de desarrollo y progreso de cualquier sociedad humana.

La Salud Pública

Uno de los puntos más importantes esgrimidos por la dictadura para justificar su sistema de poder centralizado, es el relacionado a la salud pública por constituir, junto a la educación, los dos temas predilectos por la maquinaria propagandista del régimen para justificar su absolutismo.

Ante los ojos del mundo, el Estado ha desarrollado una red de hospitales, policlínicos y dispensarios dentales con el fin de "garantizar" la asistencia médica "gratuita" a cada miembro de la sociedad. Ahora bien, ¿qué hay de trasfondo en todo esto?

Pues que el hecho de "garantizarle" asistencia médica "gratuita" a la población, podría sonar creíble si no hubiésemos llegado juntos a este punto del libro. Pero un gobierno que, como vimos, se apoderó de la voluntad del ser humano y le despojó de sus bienes y destino; la proeza de una medicina "gratuita" queda sin argumentos en qué sustentarse. Seamos realistas, una vez que el individuo lo ha perdido todo, se le ha dejado sin recursos para afrontar por sí mismo sus gastos. Y si el único patrón que conoce no paga por su salud, habría sellado su suerte, así de simple.

Recordemos que el Socialismo solo tiene un propósito en mente: **crear sumisión y dependencia en la mente de las personas, ¡dependencia en todo! Ofrecerle migajas y si es posible de gratis, para tenerlas a sus pies y poderlas manipular a su antojo.** Y no bastando con eso, fabrica dentro de ellas un eterno "agradecimiento" a sus "bondades" como Estado omnipotente, y un sentido de culpa a quienes llegasen a cuestionarle en sus dictámenes. Para que se tenga una idea del nivel de dependencia creada hacia el gobierno, el salario devengado por un médico en Cuba oscila en unos $550 pesos cubanos o su equivalente a $25 dólares al mes. Y si eso es así en la Mayor de las Antillas con un profesional de la salud, imagine el lector a cuánto ascendería el salario promedio de un obrero cualquiera.

Por otra parte, al suprimirse la práctica privada dentro de la medicina, la calidad y consistencia en los servicios provistos a la población, terminarían por extinguirse. ¡Atención que no dije "mermar", sino "extinguirse"!

La deplorable red de salud reservada al cubano de a pie, carece de lo elemental para el cuidado y la cura de pacientes. Por inverosímil que parezca, en muchos hospitales escasea hasta el alcohol para desinfectar heridas y vendajes para cubrirlas. La mayoría de los enfermos, son obligados a traerse sus toallas de baño y hasta la propia ropa de cama para vestirla. Esta lamentable situación, no solo ha contribuido a la proliferación de plagas y enfermedades dentro de la población, sino que ha demostrado, además, la incapacidad del régimen socialista de responder con efectividad a la crítica situación que en materia de salud enfrentan los cubanos. A todo esto, súmese el deterioro visible de sus instalaciones, lo obsoleto y arcaico de su equipamiento médico y la desesperanza en los enfermos debido a la ausencia de opciones que les ofrece el Socialismo.

En contraste con esta desastrosa infraestructura médica creada para el pueblo, existe otra muy diferente dirigida a la élite gubernamental y al turismo que visita la isla, donde los enfermos son atendidos con cuidados especializados y de altísima calidad. Uno de estos centros es la conocida clínica *Cira García* en la propia capital, cuyos servicios exclusivos de medicina interna, cirugía, estomatología, rehabilitación entre otros, son vedados al resto de la ciudadanía. En otras palabras, existe una marcada segregación en la medicina socialista donde los nacionales, además de resultar despojados y humillados como vimos, son discriminados y marginados por sus mismos opresores.

Toda esta situación, además de convertirse en una tortura permanente para los enfermos, solo puede representarle a un país lo que hoy Cuba muestra con tristeza al mundo: miseria, sometimiento y obediencia ante los designios de un absurdo, que le obliga a navegar sin rumbo ni sentido a parte alguna.

Embargo de Estados Unidos

El último punto que quería abordar antes de pasar a la síntesis concluyente sobre el Socialismo, corresponde al embargo de Estados Unidos a Cuba. Créalo o no, gran número de personas consideran que la razón del fracaso socialista en la *Mayor de las Antillas*[4], no reside en su sistema político-económico como tal, sino en el embargo norteamericano a la Isla. O sea que para estas

---

[4] *Otro de los nombres por el que se conoce a Cuba*

personas, el desastre económico que hoy sufre Corea del Norte, Venezuela –uno de los países petroleros más prósperos en el pasado– y el mismo que sufrió la antigua *URSS*[5] unida al extinto Campo Socialista bajo modelos análogos, es culpa también de un embargo norteamericano. ¿Sabe qué? no podemos tapar el sol con un dedo. El pretender descubrir la raíz de los problemas partiendo de ángulos ajenos a los mismos, solo nos aleja de cualquier esfuerzo por entenderlos y luego solucionarlos.

Remontándonos a los años 1959-1961, cuando el gobierno de Fidel Castro intensificó su campaña de nacionalización *(monopolización)* del capital privado, expropió también todas las compañías norteamericanas establecidas en Cuba hasta entonces por un monto superior a los mil millones de dólares. Como dicha intervención no fue negociada o saldada convenientemente sino usurpada y/o robada por la fuerza; Estados Unidos, país estafado, se sintió en el justo derecho a responder imponiendo un embargo económico a la isla que ha durado hasta la fecha. En lugar de condicionar el levantamiento de ese embargo al pago íntegro de la deuda, el gobierno norteamericano lo ha condicionado a la celebración de elecciones libres por parte del régimen comunista, a la liberación de todos los prisioneros políticos y a libertad de prensa. ¿Se le hace razonable la condición exigida por Estados Unidos? ¿Piensa realmente que Cuba, como cualquier otra nación en el mundo, tiene derecho a la libertad de prensa, a no tener prisioneros políticos en sus cárceles y a elegir libremente a quienes habrán de gobernarle? A cualquier persona sensata y justa le parecería que sí, sin embargo, al gobierno cubano y sus acólitos le ha parecido terrible.

Para una dictadura totalitaria el acceder a estas tres condiciones sería como atravesar a nado el desierto de Sahara. Recordemos

---

[5] *U.R.S.S.: Unión de Repúblicas Socialistas Soviéticas*

que un país cuya estructura de gobierno otorga todos los poderes legales a un individuo y la sociedad ha sido convenientemente organizada para que dicho individuo se pueda servir de ella, el introducir tales cambios implicaría —como mismo aconteciera en la ex Unión Soviética con la *Glasnot*[6]— la caída del sistema. Por esa razón, la dictadura ha fomentado una campaña internacional durante décadas contra el embargo, pero no ha movido un solo dedo en la implementación de estos cambios para que el país logre salir del gran abismo en que se encuentra.

Como toda economía parásita cuyo sostenimiento ha dependido siempre de otra mayor en el exterior, la dictadura castrista supeditó la suya a la antigua URSS y al resto de países socialistas. Desde el principio y por los próximos 25 años, la economía de la Isla recibiría un subsidio soviético anual entre cinco y seis mil millones de dólares. A esta cantidad, agréguese las relaciones comerciales ventajosas para Cuba como miembro del *C.A.M.E*[7], un organismo conformado por la desaparecida comunidad socialista mundial que basaba su concepto en la cooperación mutua entre países con economía estatal o planificada, utilizando el sistema de trueques o intercambio de mercancías y un sistema de precios preferenciales para los países miembros menos desarrollados. A pesar de esta situación privilegiada para Cuba, la economía castrista jamás prosperó.

Tras la caída de la URSS y el campo socialista después de 70 años de experimento comunista, y ante la decisión del régimen cubano de continuar adelante con el sistema fracasado de economía estatal y partido único, el país entró en lo que se conoció como "Período Especial en tiempo de paz", donde la

---

[6] *Apertura política llevada a cabo por Mikhail S. Gorbachev en la antigua URSS durante su mandato (1985-1991) y que propiciara el derrocamiento del Socialismo como sistema político y económico en las quince repúblicas soviéticas.*
[7] *C.A.M.E.: Consejo de Ayuda Mutua Económica.*

miseria y el hambre existentes recrudecieron sus efectos sobre la población civil. Este proceso se prolongó desde 1991 hasta la llegada de Hugo Chávez a Venezuela en 1998. A partir de entonces, Venezuela se convertiría en la nueva tabla de salvación para la moribunda economía cubana cuyo sostenimiento se ha prolongado hasta nuestros días.

A pesar de las fuertes sumas de dinero recibidas por el régimen en forma de subsidios, la Isla contrajo deudas billonarias con el mundo. Sin embargo, basado en los hechos previamente expuestos, existen razones poderosas en las que casi nadie piensa cuando toca el tema del embargo a Cuba y que a mi juicio justifican su razón de ser.

1. El régimen de la Habana comercia con el mundo entero, inclusive con Estados Unidos. El grosor de la deuda externa de Cuba y el alto número de países a quienes le adeuda, lo demuestran.

2. La deuda de Cuba con Estados Unidos es prácticamente nula si se compara con la contraída por la Isla con el resto del mundo. La razón es muy simple. Cuba ha podido comprar a crédito en cualquier lugar del planeta, pero ha encontrado dificultades al hacerlo con la nación norteamericana debido, precisamente, al embargo establecido. La mayor cantidad de transacciones efectuadas con instituciones registradas en Estados Unidos, han debido ejecutarse en efectivo, algo que la Isla apenas genera.

3. El modelo de economía estatal planificada no funciona, es autoritario, ineficiente y ha sido condenado por la historia en cada país donde se ha implementado. De ahí que la concesión de préstamos a una economía en bancarrota atrapada bajo un sistema putrefacto como éste, sería como

tirar el dinero al vertedero; algo que ninguna persona juiciosa y consciente, podría legitimar y/o apoyar.

4. Que debido al sistema político impuesto a la Isla y que examináramos en su momento, todas las decisiones del gobierno son tomadas unilateralmente desde arriba. O sea que la deuda contraída por el régimen de La Habana solo ha tenido, tiene y tendrá un solo autor intelectual: *el castrismo*[8], no el pueblo cubano, quien al no disponer de representantes libremente escogidos dentro de la cúpula de poder, se halla marginado de la toma de decisiones en su país.

En conclusión. El levantamiento del embargo norteamericano a Cuba solo servirá para que la dictadura tenga acceso al sistema crediticio de Estados Unidos, continúe endeudando a la nación cubana como lo ha hecho con el resto del mundo e ingresando los fondos que necesita para prolongar su estadía en el poder sin esperanza de término para su población. **Y que debido al modelo unipersonal de gobierno, a su obsoleto sistema de economía centralizada y a ese pésimo historial de crédito que se ha construido con el mundo, levantarle el embargo sería una medida irresponsable e inaceptable, que hundiría aún más a la Isla en lugar de redimirla.** Porque es muy triste saber que ante el mundo, la nación cubana aparece como única responsable de una deuda, que como hemos visto no ha contraído y que algún día tendrá que saldar.

Síntesis concluyente sobre el Socialismo

La "Síntesis concluyente sobre el Socialismo", tiene un propósito claro. En solo 10 puntos, resuelve sintetizar la

---

[8] *Nombre por el que se conoce al gobierno unipersonal, de economía estatal y partido único de Fidel y Raúl Castro*

información compartida hasta el momento con vista a prepararnos en nuestro próximo viaje al Capitalismo, sus leyes, su economía y filosofía de un modo novedoso y dinámico.

Nos queda claro que bajo el Socialismo:

1. El gobierno y sus altos funcionarios, constituyen el centro de toda la sociedad, económica, política, militar y social. Al gobierno pertenecen las industrias, las fábricas, los centros comerciales y de recreación, los bancos, las escuelas, los hospitales y cuanta institución haya sido creada dentro del territorio nacional. El ciudadano se haya desprovisto de todos los bienes económicos y del dinero.

2. Al gobierno están sometidos los tres poderes constitucionales que rigen cualquier sociedad democrática, el Poder Legislativo, el Poder Ejecutivo y el Poder Judicial. O sea, en sus manos reside el poder de hacer las leyes, ejecutar las leyes e impartir justicia.

3. El Partido Comunista constituye, según la Constitución Socialista, la fuerza política dirigente y superior de la sociedad y el Estado. Su radio de acción abarca todas las esferas de la sociedad y la vida personal de cada individuo. De su programa de base, parte el adoctrinamiento total del país; y la creación de otros partidos políticos en este tipo de sociedades es prohibida por la ley. Todos los funcionarios del gobierno y el Estado son miembros del Partido Comunista ocupando sus posiciones más elevadas.

4. El gobierno ha creado a nivel nacional una serie de organizaciones políticas y de masas que espía y controla a toda la población en general. La militancia a estas organizaciones es obligatoria, pues el hecho de no pertenecer

a ellas, le acarrearía problemas al individuo dentro de la comunidad en que convive.

5. El Estado establece un sistema único de educación que abarca todos los niveles de enseñanza, desde la educación primaria hasta la superior. Por medio de este sistema, se adoctrina fuertemente a la población desde una edad temprana. La educación es gratuita y obviamente obligatoria para el estudiantado. No existe educación privada, por lo que los padres no tienen derecho a escoger el tipo de educación que desean para sus hijos; muy por el contrario, se ven forzados a trabajar con las escuelas para el macabro plan final, el adoctrinamiento comunista de sus propios hijos.

6. La salud pública es provista gratuitamente por el gobierno a la población, sin embargo, la calidad de esos servicios es inexistente. Las clínicas y hospitales privados con un mínimo de estándar, son reservados a la cúpula de poder y al turismo que visita la isla.

7. El movimiento sindical, como cualquier otra organización ciudadana, constituye una dependencia del gobierno y según sus postulados, responde a los intereses de éste. El mismo funciona por medio de la Central de Trabajadores de Cuba con sus siglas en Español C.T.C.

8. La libertad no existe. El gobierno censura la información a todos los niveles incluyendo la libre expresión del pensamiento y de palabra. Otros derechos prohibidos, son: la libertad de asociación, de reunión y movimiento, el derecho a la creación de partidos, organizaciones o movimientos políticos, cívicos o culturales. Tampoco existe la libertad para protestar o exigir públicamente los derechos,

el terror psicológico entronizado en los individuos desde sus primeros años de vida es atroz.

9. Los tribunales y la fiscalía encargados de impartir justicia son órganos estatales y responden única y exclusivamente a sus propios intereses.

10. El nacionalismo y patriotismo institucionalizados añaden el ingrediente final a este particular modelo político, económico, social y militar. El poder del Estado y sus gobernantes, encarnan la esencia de este tipo de sentimientos ante sus poblaciones. A la propia usurpación de los medios de producción y el dinero, no se le denomina "monopolización del capital", sino "nacionalización de la economía", aunque ambas resulten en esencia lo mismo. De ello se deduce que cualquier oposición o cuestionamiento respecto a este principio u otro instituido por la Constitución, sea considerado violatorio a los intereses nacionales y por lo tanto, punibles. La propia oposición política es considerada una traición al gobernante que detenta el poder, al sistema comunista imperante y a la nación misma.

Condena ante la historia

El fracaso del modelo socialista comenzó desde que Lenin lo instaurara en la antigua Unión Soviética el 7 de octubre de 1917. Hasta entonces, al Socialismo se le conocía por lo que predicaba en sus publicaciones y pregonaban sus líderes: igualdad, justicia social, colectivismo, socialización, repartición de la riqueza, emancipación de la clase obrera, dictadura del proletariado, etc.

Las masas, le escribiría a una amiga economista que conocería años después, *solo quieren escuchar palabras hermosas, musicales y amorosas y sus llamados "benefactores" lo saben.*

*Ellos saben lo que tienen que hacer para ganársela. No hay que preocuparse en explicarles si lo que le proclamas es realizable o no, a ellas poco le importa, **creerán en lo que dices si aprendes a decir lo que desean.** Y eso ocurre porque en su gran mayoría no piensan y son arrastradas a su suerte como manadas amaestradas con la vista nublada. En ocasiones, esa actitud servil y entreguista del ser humano ante lo que no conoce o prefiere ignorar, ha dado lugar a sus más horrendas tragedias.*

Basado en nuestro análisis, el Socialismo ofrecía la coartada perfecta al combinar aquello que desean escuchar las masas a través del populismo, con su macabro proyecto de poder absoluto. **La historia ha demostrado que la doctrina socialista es popular hasta que el pueblo que la adopta la vive en carne propia; una vez que eso ocurre, llega el desencanto, la oposición o el escape.**

El propio José Martí, Apóstol Nacional de Cuba, expresó en el siglo XIX sobre la libertad lo siguiente*: El hombre ama la libertad, aunque no sepa que la ama, y anda empujado de ella y huyendo de donde no la hay.*

Pero lo más sorprendente en el ideario martiano, fue su alusión al sistema socialista cuando visualizara sus resultados mucho antes de su instauración en la vieja Rusia, al incluir fragmentos del Tratado de *Herbert Spencer* "La futura esclavitud", en uno de sus artículos:

[...] Todo el poder que iría adquiriendo la casta de funcionarios, ligados por la necesidad de mantenerse en una ocupación privilegiada y pingüe, lo iría perdiendo el pueblo, que no tiene las mismas razones de complicidad en esperanzas y provechos, para hacer frente a los funcionarios enlazados por intereses comunes. Como todas las necesidades públicas vendrían a ser satisfechas por el Estado, adquirirían los

funcionarios entonces la influencia enorme que naturalmente viene a los que distribuyen algún derecho o beneficio. El hombre que quiere ahora que el Estado cuide de él para no tener que cuidar él de sí, tendría que trabajar entonces en la medida, por el tiempo y en la labor que pluguiese al Estado asignarle, puesto que a este, sobre quien caerían todos los deberes, se darían naturalmente todas las facultades necesarias para recabar los medios de cumplir aquellos.

De ser siervo de sí mismo, pasaría el hombre a ser siervo del Estado. De ser esclavo de los capitalistas, como se llama ahora, iría a ser esclavo de los funcionarios. Esclavo es todo aquel que trabaja para otro que tiene dominio sobre él; y en ese sistema socialista dominaría la comunidad al hombre, y a la comunidad entregaría todo su trabajo. *Y como los funcionarios son seres humanos, y por tanto abusadores, soberbios y ambiciosos, y en esa organización tendrían gran poder, apoyados por todos los que aprovechasen o esperasen aprovechar de los abusos, y por aquellas fuerzas viles que siempre compra entre los oprimidos el terror, prestigio o habilidad de los que mandan, este sistema de distribución oficial del trabajo común llegaría a sufrir en poco tiempo de los quebrantos, violencias, hurtos y tergiversaciones que el espíritu de individualidad, la autoridad y osadía del genio, y las astucias del vicio originan pronta y fatalmente en toda organización humana.*

La América, Nueva York, Abril de 1884.

IV.   EL CAPITALISMO

America! America!

En 1997, cinco años después de haber llegado a Estados Unidos, tuve la oportunidad de recorrer junto a dos amigos y por vía terrestre, varios Estados de la Unión Americana. Fue entonces cuando realmente percibí la magnificencia de este país. Y no precisamente la que tiene que ver con su belleza física o la diversidad de su gente, sino su libertad, aquella que no conocí en mi tierra natal.   La libertad, bombea vida al corazón de America, es la razón de su esencia y le ha servido de acicate y aguijón a su grandeza.

Y era obvio que detrás de la grandeza de una nación como ésta, que había sido capaz de garantizar al individuo sus libertades y derechos fundamentales, debía erigirse una poderosa estructura constitucional que la salvaguardaba y fortalecía. Por eso, y para encontrar respuestas, me dirigí a la propia Constitución americana, su ley suprema.

Siempre comprendí que no debemos creer confiadamente lo que

una persona o grupo de personas en el gobierno deseen que creamos. Al ser humano le mueven intereses diversos y los funcionarios públicos no son la excepción. Para valorar correctamente la gestión de un gobierno, debemos empezar analizando el modelo escogido para ejercer esa gestión. Y ese modelo solo podría arrojar dos tipos de gobernantes: **aquellos que *sirven* a la nación, o quienes *se sirven* de ella**.

¿Cómo funciona eso?

Ya vimos que en las sociedades socialistas la economía pertenece por entero al Estado y en particular a la persona que detenta el poder, y cualquier esfuerzo por cuestionar ese modelo de poder omnímodo dentro de su territorio, quedaría en el intento. Los intereses creados en este tipo de sociedades, virtualmente sin oposición para sus gobernantes, les permite a éstos andar a sus anchas, violando los derechos de los gobernados y sirviéndose manifiestamente de ellos. **Y ese poder excesivo del gobierno sobre la sociedad, ratificado como vimos en sus respectivas constituciones, ha devenido en el totalitarismo y la dictadura que analizáramos oportunamente.**

En cambio, cuando los intereses económicos no residen en la maquinaria de monopolio estatal sino en manos privadas, y tanto dueños de negocios como ciudadanos en general contribuyen con impuestos al erario público, es entonces la propia nación la que tiene el poder sobre sus funcionarios dando un giro total a la ecuación: **de servirse de la sociedad, los funcionarios pasarían a servirla**. Ahora es la nación la que elige directamente a sus gobernantes y paga por sus servicios. **Y como el que paga manda, sus residentes conservarían sus poderes y derechos.** Esos son los hechos, eso es democracia.

Nosotros el Pueblo de Estados Unidos, a fin de formar la más perfecta Unión, establecer la justicia, asegurar la tranquilidad interior, proveer la defensa común, promover el bienestar general y asegurar para nosotros mismos y para nuestros descendientes la bendición de la libertad, proclamamos y establecemos esta Constitución para los Estados Unidos de América.

Con esas palabras se dio inicio a la Constitución Americana redactada en 1787 y puesta en vigor dos años después. A través de sus tres primeras palabras: "Nosotros el pueblo...", se nos recuerda que el gobierno de Estados Unidos existe por y para servir a sus ciudadanos.

Los Padres Fundadores de esta gran nación, George Washington, John Adams, Thomas Jefferson, James Madison, Benjamin Franklin, Samuel Adams, Patrick Henry, Alexander Hamilton, entre otros, a través de importantes documentos como la Declaración de Independencia, la Constitución de la República, las primeras Diez Enmiendas añadidas a la Constitución mejor conocidas como "The Bill of Rights" y los Papeles Federalistas, allanarían el camino de lo que se convertiría años después, en la primera potencia económica, política, social y militar de la tierra.

Cuando estudiamos por ejemplo la Constitución, su Ley Suprema, nos percatamos del extraordinario valor conferido a la democracia y de qué forma se garantizaría su perdurabilidad. Su articulado, a diferencia de los que rigen las constituciones socialistas, contempla la tripartición de poderes constitucionales del gobierno como piedra angular de ese principio democrático. Esta vez el Poder Legislativo, el Poder Ejecutivo y el Poder Judicial, conservarían su independencia en el ejercicio de sus funciones y trabajarían de manera coordinada en aras de un interés común: la preservación de la democracia y los más caros intereses nacionales. Ahora bien, ¿cómo funciona la tripartición de poderes en este tipo de gobiernos y por qué constituye un elemento clave para la democracia?

La Constitución de Estados Unidos separa tales poderes en tres ramas autónomas precisamente para prevenir abusos de poder por parte de un individuo o grupos de funcionarios. Esa división de poderes, es lo que se conoce como "Checks and Balances" *(Chequeos y Balances),* por cuanto crea la posibilidad a una de las ramas de aprobar o bloquear cualquier acción o propuesta proveniente de las otras dos y viceversa.

Esta premisa inteligente, fue algo que los padres fundadores de este gran país tuvieron en cuenta al momento de su redacción. En breve, ofreceré un bosquejo relámpago sobre cada una de ellas, no con la intención de añadir nada nuevo al acervo de conocimientos que ya el público domina, sino porque es importante tenerlas presente dentro de la secuencia cronológica que este libro persigue como transmisor de un mensaje. Mensaje clave, cuya culminación como dije se verá reflejado en su último capítulo: "Reflexiones".

Poder Legislativo

El Poder Legislativo *hace* la ley.

Según confiere la propia Constitución, todo el poder de escribir las leyes, debatirlas y redactar los proyectos de ley antes de ser presentados al Presidente, reside en el Poder Legislativo, conformado por el Congreso de la nación. El Congreso, es una entidad bicameral porque está subdividida en dos cámaras: la *Cámara de Representantes* y el *Senado.*

La Cámara de Representantes, también conocida como *Cámara Baja,* está conformada por 435 miembros elegidos democráticamente en los Estados de la Unión a quienes han de representar. Vea el diagrama a continuación, corresponde al Poder Legislativo:

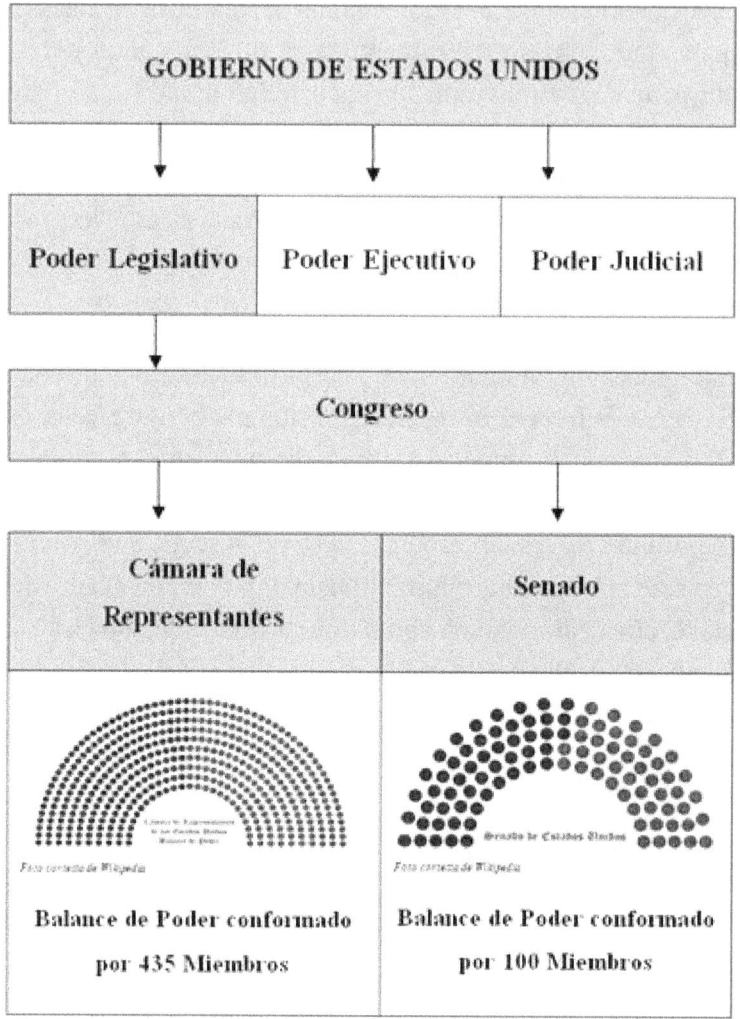

Diagrama 1: El Poder Legislativo en el Gobierno de Estados Unidos.

Al momento de su concepción, cada miembro representaba un total de 30,000 residentes o electores en su distrito. Si bien el número de personas a representar crecería con el incremento de la población al correr de los años, la cifra de 435 miembros de la Cámara se mantuvo intacta. La Constitución dispone la realización de un censo nacional cada 10 años de modo que el número creciente de personas arrojado por dicho censo, pudiera redistribuirse entre los miembros ya existentes. ¿Se imagina si eso no hubiese ocurrido y la proporción de 30,000 por 1 se hubiese mantenido? Ya habrían sumado miles los miembros a la Cámara de Representantes en el Congreso.

Entre las características importantes que la definen, podemos citar:

a) Sus miembros requieren de al menos 25 años para ser elegidos.

b) Haber sido ciudadano americano por un mínimo de 7 años y residir en el Estado al que representarán.

c) Su mandato es de 2 años, y podrá ser reelegido cada 2 años de modo indefinido.

d) Trabaja directamente con los residentes de su distrito para conocer de cerca sus necesidades básicas, y procede a presentarlas ante el Congreso. De esa forma, los Miembros de la Cámara de Representantes se convierten en genuinos portavoces de la ciudadanía ante el gobierno del país.

e) Según la Constitución, cada Estado tiene al menos un representante al Congreso. Por citar un par de ejemplos, la Florida, tiene 27 representantes, Iowa tiene 4.

f) Los miembros de la Cámara elegirán a su presidente, más conocido como "Portavoz" *(Speaker)*, el cual representa la figura más importante del gobierno después del Presidente y el Vice Presidente.

La otra Cámara del Congreso, la conforma el *Senado* o *Cámara Alta*.

Según contempla la Constitución, el Senado en Estados Unidos se compone de 2 senadores por Estado, elegidos cada 6 años por sus residentes, y podrían ser reelegidos en esa proporción de modo indefinido. Cada Senador representa un voto en el Congreso, y como solo existen 2 senadores por cada Estado, su número asciende a 100. Su Presidente, es el Vice-Presidente de Estados Unidos, sin embargo carece de voto y solo lo ejercería durante un empate en la votación.

Además establece que ninguna persona menor de 30 años que no haya sido ciudadano de Estados Unidos durante nueve y que al momento de su elección no hubiese sido residente del Estado por el cual se postula, podría ser Senador.

Si bien el Vice-Presidente de la nación es el Presidente del Senado, la Constitución establece que el propio Senado elegirá a un presidente *Pro Tempore,* que reemplazará provisionalmente las funciones del Vice-Presidente en su ausencia o en caso de que éste se encuentre desempeñando su labor como presidente del país.

Entre las principales funciones del Congreso pudiéramos citar la de escribir, debatir y aprobar las leyes, regular el comercio nacional e internacional, ratificar los tratados, aprobar el presupuesto y hasta podría declarar la guerra en caso de necesidad.

Como acabamos de ver, el Poder Legislativo, compuesto por la Cámara de Representantes y el Senado, constituye un mecanismo que honra por medio de su estructura funcional el principio democrático de la tripartición de poderes en el gobierno.

Poder Ejecutivo

El Poder Ejecutivo *ejecuta* la ley.

El Poder Ejecutivo está conformado por el Presidente de la nación, su Vice-Presidente, el Gabinete, la Oficina Ejecutiva del Presidente y las Agencias Independientes. Su función principal es ejecutar las leyes federales pasadas por el Congreso. El diagrama en la próxima página corresponde al Poder Ejecutivo:

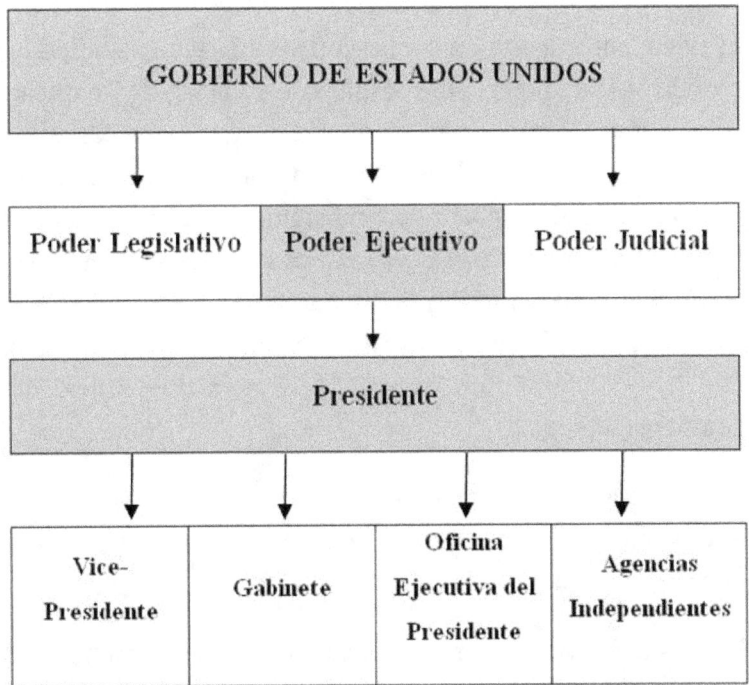

Diagrama 2: El Poder Ejecutivo en el Gobierno de Estados Unidos.

El *Presidente* encabeza la Rama Ejecutiva del gobierno federal como son el Gabinete, la Oficina Ejecutiva del Presidente y las

Agencias Independientes tal y como quedó expuesto en el diagrama 2.

Nótese que como máxima figura de esta Rama, el Presidente no hace la ley, solo puede limitarse a ejecutarla o vetarla si lo considerase oportuno. A través del llamado *Veto Presidencial*, el Presidente tiene la facultad de vetar o anular cualquier proyecto de ley aprobado por el Congreso y que le ha sido presentado para su firma. Si ese fuera el caso, el Presidente la enviaría de regreso al Congreso sin firmarla y en la mayoría de las veces, acompañada de una notificación que justifique su rechazo. Si por el contrario el Presidente decide firmarla, la propuesta se convierte en Ley automáticamente.

El Presidente ha debido contar con 10 días para estudiarla. Pero si el Presidente no la firma después de 10 días y el Congreso está en sesiones, la propuesta se vuelve Ley. Si por casualidad el Presidente no hace nada con la Propuesta de Ley y el Congreso la aplaza dentro de los 10 días subsiguientes, el Bill no se vuelve Ley. Si dos tercios de la Cámara y dos tercios del Senado pasan la propuesta nuevamente, la misma se convierte en Ley aún sin contar con la firma del Presidente. Eso se llama balance de poder, y constituye un recurso clave para el ejercicio de una democracia plena.

En la esfera internacional, el Presidente rubrica tratados internacionales y selecciona embajadores que representarán los intereses de Estados Unidos alrededor del mundo.

El Presidente tiene además la facultad de nombrar a miembros a la Corte Suprema de Justicia cuando existe una posición vacante. De acuerdo al balance de poder, el Senado tiene la potestad de aceptar o rechazar cualquier propuesta recibida del Presidente.

Otras de las funciones claves otorgadas al Presidente es la de ser

Comandante en Jefe de las fuerzas armadas del país. Sin embargo, el Congreso se reserva el derecho de sufragar sus gastos.

El *Gabinete*, está compuesto por el Vice-Presidente y 15 departamentos cuyos máximos líderes o secretarios, tienen la función principal de aconsejar al Presidente sobre las diferentes instancias que ellos representan en el gobierno, y según les concede la propia Constitución.

Si bien el Presidente tiene la autoridad de seleccionar a su Gabinete, éste deberá ser aprobado por la gran mayoría del Senado.

Los 15 líderes ejecutivos al frente del Gabinete presidencial son:

1. Secretario de Estado
2. Secretario de Defensa
3. Secretario de Seguridad Nacional
4. Secretario del Interior
5. Secretario de Comercio
6. Secretario de Energía
7. Secretario de Educación
8. Secretario de Agricultura
9. Secretario de Salud y Servicios Humanos
10. Secretario de Transporte
11. Secretario del Tesoro
12. Secretario de Trabajo
13. Secretario de Vivienda y Desarrollo Urbano
14. Secretario de Asuntos de Veteranos
15. Procurador General

Poder Judicial

El Poder Judicial *interpreta* la ley y vela por su implementación.

El Poder Judicial, tercera rama del gobierno, es concebido por la Constitución para revisar y explicar las leyes, resuelve las disputas suscitadas entre las leyes y se asegura que las leyes sean consistentes con la Constitución de Estados Unidos. Si la Corte Suprema encuentra que una de las leyes viola de alguna manera la Constitución, la declara anticonstitucional y la rechaza.

La Corte Suprema de Justicia está compuesta de 9 jueces. La Constitución otorga al Presidente la autoridad de nominar jueces a la Corte Suprema de Justicia y a las cortes de apelaciones, sin embargo tales nombramientos deberán contar con la aprobación del Senado antes de resultar efectivos.

El diagrama en la próxima página corresponde al Poder Judicial:

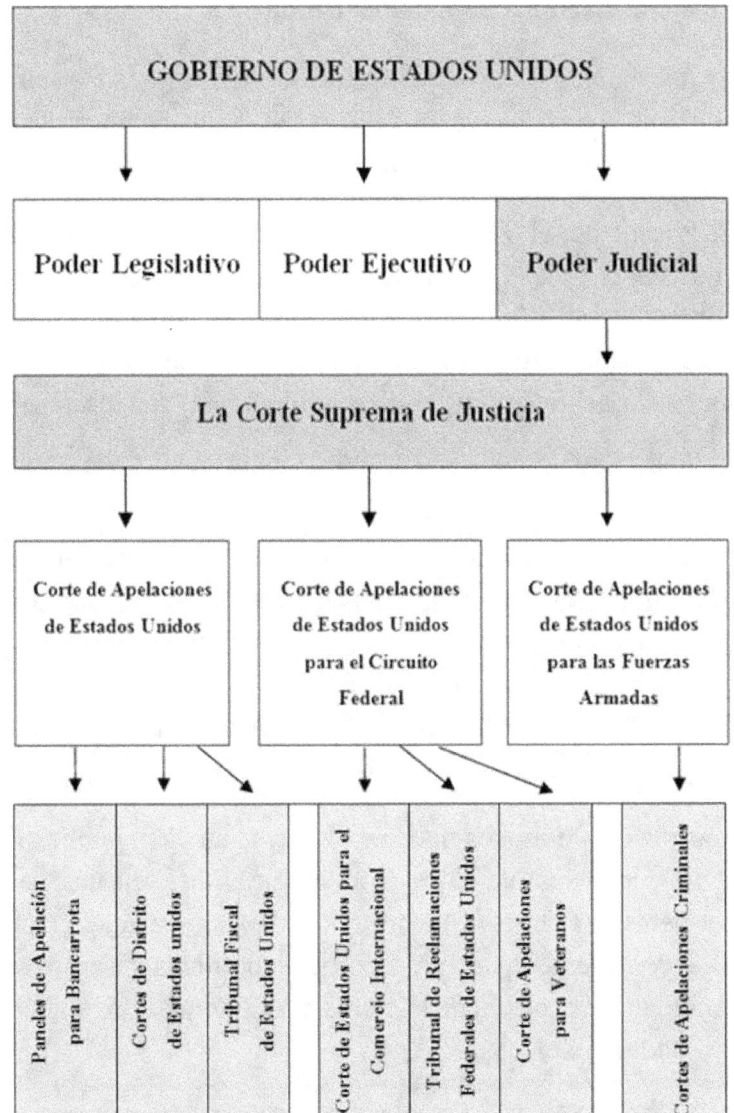

Diagrama 3: El Poder Judicial en el Gobierno de Estados Unidos.

Sistema Electoral de Estados Unidos

La Constitución de Estados Unidos define a su sistema de gobierno como una república federal, elegida democráticamente y a través de múltiples instancias por sus ciudadanos.

El Presidente, el Vice-Presidente, el Congreso conformado por el Senado y la Cámara de Representantes, sus jueces, los gobernadores de sus diferentes Estados, alcaldes y comisionados; son oficiales electos cuyo único propósito es servir al pueblo que los eligió por medio del voto secreto desde sus respectivas comunidades.

La nación está conformada por 50 Estados y éstos a su vez se dividen en condados. Los condados constituyen células administrativas subdivididas en ciudades. El Estado está gobernado por un gobernador electo por sus ciudadanos en períodos de 5 años, y dispone de su propia legislatura que varía de un estado a otro. Los condados están gobernados por alcaldes al igual que muchas de sus ciudades.

Los partidos políticos más importantes son el Republicano y el Demócrata. Sus plataformas ideológicas difieren una de otras por perseguir líneas diferentes para el país. Además, existe una lista considerable de otros partidos políticos inscritos cuyos candidatos se postulan año tras año aunque sin obtener los resultados anhelados.

Todos los ciudadanos americanos mayores de 18 años tienen derecho al voto. Para poder votar, el ciudadano necesita registrarse en el departamento de elecciones correspondiente a su distrito previo a la elección.

a) Elección del Presidente

El presidente es elegido por un período de 4 años y solo puede ser reelegido un máximo de 2 términos, 8 años en total. Según la Constitución, el candidato a la presidencia debe ser nacido en Estados Unidos, haber residido los últimos 14 años en el país y tener 35 años o más. Durante la contienda electoral, el candidato selecciona a su compañero de fórmula que ocuparía el cargo de Vice-Presidente en caso de resultar victorioso en los comicios. La selección de candidatos a la presidencia se lleva a cabo en el seno de su propio partido, y posteriormente se somete al escrutinio de todos los miembros de su partido a escala nacional. Este proceso se conoce como elecciones primarias.

El candidato que resulte vencedor de esa contienda por cada partido, se enfrentaría en las elecciones generales por la presidencia a principios de noviembre.

Estados Unidos ha adoptado el sistema de votos electorales como opción en su modelo electoral. Funciona de tal manera: cada Estado dispone de una cantidad dada de votos proporcional al número de senadores y miembros de la Cámara de Representantes que han de representarlos ante el Congreso. Por ejemplo, en el 2012, el Estado de Texas poseía 38 votos electorales, el de California 55 y la Florida 29. La sumatoria de los votos electorales de los 50 Estados es de 538 y un candidato necesita llegar a 270 de dichos votos para ganar la elección. Si llegara a existir un empate, correspondería a la Cámara de Representantes la elección del Presidente. Se puede dar el caso de que un candidato gane los votos electorales más no el voto popular; en tal caso, habría ganado la presidencia. El presidente electo jura su cargo dos meses después, o sea, el 20 de enero del año siguiente. Una vez efectuada la ceremonia de toma de posesión, éste inicia oficialmente su mandato.

b) Elección del Senado

Los 100 miembros del Senado, dos por cada Estado, son

elegidos cada 6 años por los habitantes de sus Estados y sin límite de términos.

c) Elección de la Cámara de Representantes

La Cámara de Representantes, integrada por 435 miembros, representa proporcionalmente a la población de cada uno de los Estados de la Unión. Las elecciones de candidatos a la Cámara coincide con el mismo día de la elección del presidente y sus nombres aparecen expuestos a los electores en su boleta electoral.

Economía de Estados Unidos

Dinero es poder. Estados Unidos no solo ha garantizado a sus ciudadanos la libertad política plena a través de su Constitución, sino su libertad económica. Para ello, escogió el sistema capitalista de producción, distribución y consumo como base de su economía, lo que fomentaría la motivación personal en cada miembro de la sociedad.

La libertad económica permite el desarrollo de múltiples facetas en el individuo como la posibilidad de trabajar, escalar posiciones superiores en su empleo, cambiar de empleador si lo considerase oportuno, construir un crédito, obtener préstamos para establecer negocios, invertir en negocios y hallar nuevas vías de expansión, comercializar productos o servicios, contratar empleados… En fin, que la lista se prolongaría sin detenerse.

Thomas Jefferson expresó lo siguiente: *Un gobierno sabio y frugal, que impida que los hombres se hagan daño mutuamente, los dejará ser libres para regular sus propios objetivos de trabajo y mejora.*

Los dejará ser libres…, he ahí el secreto. Este principio

inherente al capitalismo, ha repercutido fuertemente en la prosperidad y el avance vertical que Estados Unidos ha disfrutado siempre como nación. Y como resultado, hoy podemos apreciar una tasa estable de crecimiento global del Producto Interno Bruto, un desempleo relativamente bajo si lo comparamos con otras naciones desarrolladas y un flujo continuo y hacia arriba en sus niveles de inversión. Su supremacía económica mundial ha sabido mantenerla intacta desde la década de 1890. George Washington, hombre visionario cuyo amor por su patria siempre demostró, expresó anteponiéndose al futuro, lo siguiente: *un pueblo dueño de espíritu comercial que ve y va en busca de su provecho puede lograr casi cualquier cosa.*

La Constitución de Estados Unidos contempla la protección sagrada sobre los derechos de propiedad y bienes privados de las personas. Y cuando se protege la propiedad individual, el individuo se siente confidente y más seguro a la hora de crear, producir e invertir dentro de la comunidad en la cual convive. Y en esa libertad económica protegida, descansan los pilares del sistema en su conjunto. En 1795, el juez de la Corte Suprema William Paterson escribió: *Es evidente que el derecho de adquirir y poseer bienes materiales, y tenerlos protegidos, es uno de los derechos naturales e inherentes del hombre.*

Los ciudadanos en Estados Unidos, a diferencia de los que viven bajo regímenes comunistas, gozan de la posibilidad de comprar prácticamente lo que deseen en el mercado, desde artículos personales y de consumo, hasta la adquisición de un negocio en operaciones. La economía de mercado, con sus altibajos de oferta y demanda, ofrece la oportunidad perfecta a todo aquel que opte por crecer en el mundo de los negocios y gran variedad a quien solo se limite a consumir de ellos.

¿Qué pasaría si el individuo que deseara realizarse en los

negocios, no poseyera los recursos necesarios para eso? El sistema ha logrado resolver ese común obstáculo al instituir, a través de múltiples avenidas, programas importantes como la capacitación y asesoramiento para empresarios, préstamos a largo y mediano plazo, facilidades de construcción de crédito, bajos costos de inscripción para corporaciones y demás licencias para negocios, exención de impuestos e incontables beneficios más. **Y es que cuando un país empodera a sus habitantes en igualdad de condiciones con tantas herramientas para ser exitosos, los resultados son muy difíciles de ocultar.**

Un dato curioso que vale la pena mencionar, es el hecho de que la Constitución de Estados Unidos es una de las pocas en el mundo que ha permanecido vigente desde su nacimiento. Ese simple detalle nos obliga a reconocer la gran sabiduría y visión demostrados por los padres fundadores de esta gran nación hace más de doscientos años; máxime cuando los mismos postulados que le dieron vida, constituirían la columna vertebral de lo que años después habría de convertirse en el fenómeno más grandioso, fuerte, democrático y próspero de la tierra.

Relaciones Exteriores de Estados Unidos

"Que toda nación sepa, nos quiera bien o mal, que pagaremos cualquier precio, soportaremos cualquier carga, nos enfrentaremos a cualquier dificultad, apoyaremos a todo amigo, nos opondremos a todo enemigo, para garantizar la supervivencia y el éxito de la libertad".

–John F. Kennedy

20 de enero de 1961

La política exterior es responsabilidad exclusiva del gobierno federal y en particular del Presidente. Sin embargo, la Constitución otorga al Senado, en su calidad de portavoz de los intereses populares por medio de sus oficiales electos o senadores, autoridad de "consejo y consentimiento" sobre los tratados internacionales a ser rubricados con la firma del presidente.

El Senado, como parte de las funciones que le confiere la Constitución, puede agregar "interpretaciones y reservas" al texto de un tratado cualquiera en forma de enmienda, lo cual impondría condiciones al presidente una vez entrado en vigor.

Este principio *(consejo y consentimiento)*, si bien ejerce un poder limitado, controla la capacidad del presidente como hacedor de la política exterior estadounidense. Con ello, la Constitución busca salvaguardar al país de un mal paso, consciente o inconsciente, ejecutado por él y que pudiera poner en riesgo, la propia seguridad de la nación.

El Departamento de Estado constituye el Ministerio del Exterior en Estados Unidos y lleva a cabo toda la política internacional del país. Entre sus funciones principales está la de asesorar al Presidente en política exterior, propiciar los tratados internacionales, proteger a ciudadanos americanos en el exterior, entre otros. La persona encargada de este Departamento es el Secretario de Estado. En otros países se le reconoce como Ministro del Exterior.

V.   ¿DEL CAPITALISMO AL SOCIALISMO?

El peligro del juego de palabras

> *"Dos peligros tiene la idea socialista, como tantas otras: el de las lecturas extranjerizas, confusas e incompletas, y el de la soberbia y rabia disimulada de los ambiciosos, que para ir levantándose en el mundo empiezan por fingirse, para tener hombros en que alzarse, frenéticos defensores de los desamparados."*
> *José Martí*
> *Carta a Serafín Sánchez.*
> *Obras Completas, Vol. 3*
> *1894*

¿Puede un país capitalista convertirse en socialista? **La respuesta es sí.**

Realmente la línea que separa al Capitalismo del Socialismo es tan frágil, que cualquier país capitalista, por muy poderoso que sea, podría infringirla con facilidad. Y ésta no es una simple aserción aludida al azar; existen razones poderosas que la avalan y que fundamentaré en el presente capítulo.

Debido a que la sociedad capitalista es movida por el capital privado y la posibilidad de capitalizar no está reservada a un grupo selecto de personas sino abierta a todos los miembros de la sociedad por igual, cada individuo que posea el empuje, la inteligencia y la visión para capitalizar, podría alcanzar el éxito en este tipo de sociedades. Sé que no todo el mundo nació para ser capitalista, ingeniero o mecánico; me baso únicamente en que la oportunidad existe, así como las herramientas para llevarla a efecto. Y cuando la sociedad vive consciente de que no existe límites en su crecimiento, nos llega la inventiva personal, la competencia y el propio crecimiento del individuo. Es entonces cuando la nación prospera, y es ese efecto innegable el que ha empujado a la humanidad al desarrollo.

Por eso, los resultados arrojados por uno y otro sistema a través de la historia son evidentes, y podríamos resumirlos de la siguiente manera: prosperidad, libertad económica, eficiencia en la productividad, competencia permanente y crecimiento ilimitado de un lado; y supresión de todas las libertades económicas, ausencia total del incentivo personal, ineficiencia en la productividad, miseria, hambre y estancamiento económico forzoso del otro.

Los defensores actuales del Socialismo, no son los mismos defensores de antaño cuando en 1917 fuera instituido por primera vez. En aquella época, el mundo no había vivido el experimento socialista y era fácil promover su ideología virtualmente sin oposición. Casi cien años después de su instauración, el camino a ese "paraíso terrenal" es harto conocido y ha arrojado los nefastos resultados que hemos analizado aquí.

Por esa razón, muchos de los que hoy simpatizan con el Socialismo no lo expresan abiertamente. Los efectos de su gestión y su fracaso total, obligan a dichos simpatizantes a escoger otras estrategias de propagación. ¿Cuáles son esas estrategias?

Primero: Jamás mencionar la palabra "socialista". Mientras se opte por suprimirla de su vocabulario, se puede expresar abiertamente su misma fraseología sin limitaciones o cuestionamientos a modo de retóricas.

Segundo: La retórica socialista es, en definitiva, popular y es musical a los oídos de la mayoría. Entonces, ¿por qué habría de cambiarse? Por eso han decidido usarla con mucha perspicacia mientras se cuidan de no ser señalados por otros como socialistas. ¿Lo duda? Analice la fraseología empleada por los socialistas "encubiertos" actuales y compárela con la de sus mentores tradicionales y se dará cuenta de que no es posible separar a una de la otra: "Abogamos por los pobres y desamparados", "Repartición igualitaria de la riqueza", "Los ricos son malos y arrogantes", "Que los ricos paguen más impuestos", "Cambio en el que puede creer", "Los capitalistas explotan a la clase media y estamos aquí para defenderles", etc., etc., etc. Y así, bajo ese mismo patrón, el estigma socialista ha logrado envolver a millones de incautos por casi siglo y medio, y muy a pesar del enorme daño causado a la humanidad, las naciones continúan cayendo, una tras otra, ante sus cantos de sirena. Nada parece detener su efecto alucinante y lo más triste, los pueblos no acaban de aprender la lección.

Tercero: Si bien la lucha armada fue históricamente un medio eficaz en manos socialistas para llegar al poder de sus países, hoy ha sido encasillada por la opinión pública bajo la nada agradable clasificación de "terrorismo internacional", como ha sido el caso de las Fuerzas Armadas Revolucionarias de

Colombia *(F.A.R.C.)*, el Frente Sandinista de Liberación Nacional en Nicaragua *(F.S.L.N.)*, el Frente Farabundo Martí para la Liberación Nacional de El Salvador *(F.M.L.N.)*, el Movimiento Revolucionario Túpac Amaru en el Perú *(M.R.T.A.)*, entre otros movimientos insurgentes. De ahí que los socialistas han decidido cambiar de estrategias; se han propuesto conquistar ese poder a través de los mecanismos electorales propios de las sociedades democráticas. De esa forma y en la mayoría de los casos, han buscado impulsar los cambios desde dentro como es el caso de Daniel Ortega en Nicaragua, Hugo Chávez y Nicolás Maduro en Venezuela, Rafael Correa en Ecuador y Barack Obama en Estados Unidos. Sobre el caso del Presidente Obama, lo trataré más adelante.

Cuarto: Una vez que llegan al poder, trabajan con las propias estructuras democráticas existentes *(cuerpos legislativos y ejecutivos de la nación)* con el fin de buscar adeptos para su agenda. Y la agenda o meta final para este tipo de individuos es muy clara: reformar o cambiar la Constitución y las leyes democráticas existentes, de manera que les permita introducir con efectividad los cambios que persiguen.

Quinto: Es fácil percibir la tendencia socialista desde el inicio: gobierno grande, aumento de controles sobre la ciudadanía, ataque al capital privado por diferentes medios, denigrándolo o menospreciándolo y culpándole de los males que aquejan a la clase trabajadora. Tienden a censurar la libertad de prensa y opinión, interfieren con el derecho de escoger en las personas como es el caso del *Obamacare* en Estados Unidos, atacan a las instituciones religiosas existentes menoscabando sus procedimientos de base y llegan incluso a recabar el uso de más poderes ejecutivos para gobernar aunque ello infringiese a la Constitución vigente, como fue el caso del Presidente Obama el 28 de enero de 2014, durante su intervención en el Estado de La Unión, etc.

Sexto: El doble estándar. Ya comenté que la filosofía principal que promueve un socialista es el "reparto equitativo de la riqueza". Sin embargo, la estrategia no deja de ser risible por dos razones. La primera, porque su vocero jamás se ha incluido en la ecuación. De hecho, **la mayoría de los socialistas que han llegado al poder en sus países, han arribado "pobres" y lo han abandonado "ricos"**, de donde se desprende que su acostumbrada retórica ha sido siempre una falacia. La segunda razón, a mi juicio la más importante, es la de expropiar los bienes de todo aquel que haya tenido éxito en los negocios, ya sea por medio de la **intervención directa** *(nacionalización)* o **ahogándoles con impuestos altos** para restringir o menguar su poder, al punto de asfixiarles y forzarles a invertir su capital en el exterior. El socialista sabe que un capitalista exitoso es una piedra incómoda en su camino a la que deberá excluir de la escena como sea, y una vez logrado su propósito, **todos los bienes privados y el dinero, pasarían por defecto a sus manos**.

Es por ello que ese tipo de filosofía está en contradicción con la naturaleza ideológica que ha primado siempre en Estados Unidos. En la Norteamérica que yo conocí a mi llegada en 1992, **no se trataba de quitarle al rico para darle al pobre, sino que el pobre tuviese los mismos medios y herramientas que tuvo el rico para poder llegar.** Y esa filosofía de igualdad en oportunidades que tantos aún no pueden comprender, ha sido el meollo que ha convertido a Estados Unidos en el más grande experimento que conociera la humanidad en su historia, y por el cual tantos emigrantes y exiliados estamos aquí. Es un sistema que aposta al individuo, le permite levantarse, educarse — *brindándole los fondos necesarios si no los tuviera—,* le despierta su espíritu interior mientras le repite todo el tiempo:

"si otros han llegado, porqué no tú; tú sí puedes". Y cuando ese motor te empuja a crecer a fuerza, tu familia se levanta, se fortalece tu comunidad y la nación en general. Estos son los hechos que saltan a la vista, incluso a la vista de los socialistas que se obstinan en ignorarlos u ocultarlos por cuanto constituyen, como acabamos de ver, una amenaza directa a su verdadera agenda y propósitos.

Enemigos del Capitalismo

El Capitalismo posee muchos enemigos alrededor del mundo, lo sabemos, pero… ¿cómo distinguirlos? Es difícil pero no imposible, su verborrea y trayectoria los delata. Recuerde que el propósito principal de este libro es ese: empoderar a las personas con las herramientas y el conocimiento elemental para aprender a distinguirlos sin importar en que nación del planeta residan. Y una vez logrado, combatirlos, embestidos de la razón, los argumentos y el sentido común.

Comentaba además que existen dos tipos de socialistas: los tradicionales que no ocultan su ideología y aquellos que no lo dicen pero que piensan y actúan como tal. Éstos últimos son los más peligrosos por ser los que engañan, los que se escudan tras una personalidad ajena, seducen desde su sombra a las personas con fantasías burdas y populistas mientras ocultan maquiavélicamente sus verdaderas intenciones y como la serpiente paciente y astuta, esperan el momento oportuno para asestar con fuerza el zarpazo.

El próximo análisis sobre el Presidente Obama probará al lector lo que escribí al comienzo de este libro sobre el voto irresponsable efectuado por gran parte del electorado estadounidense. El nivel de ignorancia sobre el pasado del Presidente desconcertó mucho a quienes sí nos tomamos el tiempo de analizarlo, y hoy comprendemos que si no llegamos a concientizarnos como nación, lo vivido podría volver a repetirse todavía peor. Así es que, sin más preámbulo, inicio el análisis sobre Barack Obama, su trayectoria, mentores y filosofía de vida, que tanta influencia ejercerían sobre su gestión presidencial años después.

Si bien Obama no se ha proclamado abiertamente socialista, sus intervenciones públicas y sus conexiones a lo largo de su vida, lo demuestran. *Dime con quién andas y te diré quién eres*, reza un viejo refrán; y el Presidente ha ido regando sobradas evidencias a su paso. Y no me refiero tanto a su verborrea socialista, que es bastante, sino a sus acciones.

Por solo citar un par de ejemplos, el Presidente Obama otorgó en mayo de 2012 "The Medal of Freedom" *(La Medalla de la Libertad)* a la presidenta honoraria del "Democratic Socialists of America" *(Socialistas Democráticos de América)*, Dolores Huerta. El propio Obama admitiría a la señora Huerta que su famosa frase "Yes, we can!" *(¡Sí, podemos!)* que tanto utilizara en su campaña por la presidencia en el 2008, se la había "robado" literalmente a ella. En 1996, Obama serviría como panelista en un foro auspiciado por el Democratic Socialists of America en la Universidad de Chicago. Para quienes no conocen de la existencia de este grupo socialista, ellos mismos se han autodenominado "the largest socialist organization in the United States, and the principal U.S. affiliate of the Socialist International" *(la organización socialista más grande en los Estados Unidos y el afiliado principal de E.U. a la Internacional Socialista)*. La señora Huerta ha hablado en ocasiones con entusiasmo sobre el régimen dictatorial del fallecido socialista Hugo Chávez en Venezuela y ha afirmado públicamente que los republicanos odian a los latinos.

Tampoco olvidemos los nombramientos hechos por el

Presidente al inicio de su Administración. Por ejemplo, en enero de 2009, Obama nombró a Patrick Gaspard como director de la Oficina de Asuntos Políticos de la Casa Blanca. De origen africano, Gaspard trabajó en el Estado de New Jersey como organizador del New Party, un partido que se autoproclamaba Partido Socialista Democrático y que se fundara en 1992 según publicara el diario de noticias *USA Today.* Obama militaría también en las filas del New Party, pero en el Estado de Illinois. Años después, Patrick Gaspard se involucraría activamente en la campaña de Barack Obama por la presidencia y se le nominó como su director nacional político. Gaspard funge actualmente como Embajador de Estados Unidos en África del Sur.

Seguido a esto, Barack Obama ha nombrado a un número creciente de zares a la Casa Blanca con una fuerte tendencia radical e izquierdista. Tenemos el caso de Van Jones *(Anthony Kapel "Van" Jones)* connotado socialista y fundador en 1994 de "Standing Together to Organize a Revolutionary Movement con las siglas STORM *(Todos de pie para organizar un movimiento revolucionario),* cuyo propósito era establecer grupos de estudios sobre Marx y Lenin, y soñaba con una utopía socialista multirracial. El cargo asignado al Sr. Jones por Obama, fue el de Asesor Especial para Trabajos Verdes.

El control de la prensa como ya mencionáramos, es una prioridad de primer orden para los socialistas, quienes en su afán de fortalecer los hilos del poder, han sabido penetrarla por medio de un sinnúmero de maneras hasta el logro de su meta final: doblegarla y someterla completamente.

En el 2009, Barack Obama nombró a Mark Lloyd como Chief Diversity Officer de la Comisión Federal de Comunicaciones con sus siglas en inglés F.C.C. Para quienes no saben, la F.C.C. constituye la agencia federal que regula las comunicaciones en el país. En un video corto distribuido por el comentarista conservador Glenn Beck, se muestra al propio señor Mark diciendo lo siguiente sobre Hugo Chávez:

"In Venezuela, with Chavez, is really an incredible revolution – a democratic revolution. To begin to put in place things that are going to have an impact on the people of Venezuela." *(En Venezuela, con Chávez, es realmente una revolución increíble – – una revolución democrática. Comenzar a poner las cosas en su lugar lo cual va a tener un impacto en el pueblo de Venezuela).*

En el año 2010, la propia F.C.C., publicó un amplio reporte de 47 páginas titulado: "Potential Policy Recommendations to Support the Reinvention of Journalism" *(Recomendaciones Potenciales de la Política para Apoyar la Reinvención del Periodismo).* El proyecto había comenzado en Mayo del 2009 con el objetivo de encarar los retos de la industria del periodismo en la era digital; sin embargo, críticos del Informe lo calificaron como un abuso excesivo de poder y una pérdida del dinero de los contribuyentes.

Para que se tenga una idea de la seriedad del asunto, el reporte propone entre otras cosas, subsidios billonarios a amplios sectores de la prensa nacional, lo cual implicaría un control del gobierno sobre el contenido a publicarse en ella. Jeff Jarvis, uno de los críticos más sobresalientes del reporte, manifestó a *FoxNews* su preocupación sobre el peligro que supone que el gobierno lleve la voz cantante en todo esto, al ser el gobierno el que da y el propio gobierno el que retira.

En 1995, Barack Obama publicó su autobiografía titulada "Dreams from My Father" *(Sueños de Mi Padre)* donde relacionaba a las personas que más influencia ejercerían en su vida. Uno de aquellos personajes aparecería bajo el nombre de "Frank"; y no le mencionaría una vez, sino varias en el libro. Sin embargo, no es precisamente eso lo que llama la atención, sino que por razones aparentemente desconocidas, Obama omitiría su apellido cada vez que lo nombraba.

Diez años después, previo al inicio de su campaña por la presidencia en el 2007, Barack Obama hizo pública la versión de audio para su libro *Dreams from My Father*, donde algo sorpresivo e inesperado ocurrió; el propio nombre de Frank fue removido completamente de la nueva versión. ¿Por qué hizo eso Barack? ¿Quién era en realidad ese personaje llamado Frank?

Durante la década de 1970, el abuelo materno de Obama *Stanley Dunham*, se dio a la tarea de escoger una especie de padre o mentor para su nieto. En ese sentido, introdujo al joven Obama a *Frank Marshall Davis*, miembro activo del Partido Comunista de Estados Unidos con el número de afiliación 47544. Escritor, poeta y cofundador de periódicos como el *Chicago Star*, una publicación controlada secretamente por el Partido Comunista, Marshall Davis fue militante activo de organizaciones o grupos que impulsaban aleaciones con la ex Unión Soviética, y de quién el propio FBI escribiría: "Davis has revealed himself to be a bitter opponent of capitalism and a staunch defender of... prominent Comunists and Communist sympathizers." *(Davis se ha revelado a sí mismo como un agrio opositor del capitalismo y un firme defensor de... prominentes simpatizantes comunistas).* El impacto de este hombre sobre Barack Obama fue tal, que no solo lo incluiría dentro de su círculo de influencias, sino que a partir de ella podemos comprender algunas de las posiciones asumidas por el Presidente durante su Administración.

Otro de los episodios más controversiales en torno a la vida de Obama, fue su relación personal con el terrorista *William (Bill) Ayers*, cofundador de una organización radical izquierdista denominada *Weather Underground*, la cual sería fundada por un grupo de estudiantes en la Universidad de Chicago. Esta organización llevó a cabo violentas acciones contra el gobierno federal como el lanzamiento de bombas a la Central del Departamento de Policías de Nueva York, al edificio del capitolio de Estados Unidos, al Pentágono y a la estación de policía de la ciudad de San Francisco.

El terrorista Ayers organizó una reunión en su casa para presentar al joven candidato Barack Obama, mientras éste se preparaba para correr en la elección por el Senado de Illinois. Ambos hombres trabajaron en proyectos comunitarios y el propio Ayers haría una donación de $200 dólares a la reelección de Obama al Senado en el 2001.

¿Se ha preguntado acaso por qué izquierdistas, terroristas y enemigos potenciales de la nación americana habrían de respaldar a Obama durante sus campañas? ¿Qué ha podido ver ese tipo de personas en la figura política del presidente, que pudiese alinearse a sus intereses y visión del mundo? Porque no estamos hablando de cualquier tipo de personas, sino de quienes han demostrado hasta el cansancio, un odio visceral a Estados Unidos y a lo que su modelo de gobierno ha representado dentro del concierto de naciones libres y prósperas de la tierra.

Veamos quienes son algunos de estos personajes:

1. Reverendo Jeremiah A. Wright: Pastor de Obama por más de 20 años en la Iglesia Trinity United en Chicago. Este pastor fue, además, mentor del Presidente Obama; le casó con su actual esposa y bautizó a sus dos hijas.

En uno de los sermones más relevantes pronunciados por el Reverendo Wright ante una audiencia fanática e histérica en su iglesia, demostraría su marcado antiamericanismo y rencor contra su país:

"El gobierno les da las drogas, construye prisiones más grandes, aprueba la ley "three-strike law" *(mandato a las cortes estatales a que impongan sentencias más severas a los delincuentes habituales que han sido condenados por tres o más delitos graves)* y luego quiere que cantemos "Dios bendiga a Estados Unidos". ¡No, no, no, Dios maldiga a America, que está en la Biblia por matar a gente inocente!", vociferaba Jeremiah durante su sermón. "Dios maldiga a America por tratar a nuestros ciudadanos menos que humanos. Dios maldiga a America mientras ella actúe como si fuera Dios y se crea suprema."

2. Muammar al-Qaddafi: Endosa a Barack Obama en las elecciones del 2008. En un discurso previo a las elecciones, el dictador libio expresó:

"Hay elecciones ahora en América. Vino un ciudadano negro de origen keniano y africano, un musulmán, que estudió en la escuela musulmana en Indonesia. Su nombre es Obama. Todas las personas en el mundo árabe e islamita y en África lo aplauden. Le dan la bienvenida y rezan por él y por su éxito. Ellos pueden haberse involucrado en legítimas contribuciones a su campaña para permitir que gane la presidencia. Tenemos esperanza de que este hombre de color tenga orgullo de su identidad africana y musulmana y en su fe; que sepa que tiene derechos en America; que cambiará America de una nación perversa a una buena, y que America establecerá relaciones que servirán bien a otros pueblos, especialmente a los árabes."

3. Ahmed Yousef, líder de la organización terrorista Hamas: "Nos gusta Obama y esperamos que gane y creo que él es como John Kennedy, un gran hombre...".

4. Miembros del Partido Comunista de Estados Unidos de America apoyan a Obama:

"La comunidad afroamericana, especialmente los sindicalistas, han jugado un papel crucial en la lucha para derrocar a la ultra derecha. Esto incluye una salida masiva de votantes en una elección tras otra, y en la movilización en Estados claves en el 2004. Esto también se vio reflejado en la histórica elección de Barack Obama. Nuestro Partido activamente apoyó a Obama durante las elecciones primarias."

John Bachtell, National Board Member of Communist Party USA. / 2007

El Marxista John Case, quien ha escrito en varias publicaciones del CPUSA *(Partido Comunista de Estados Unidos de América)*, publicó en *People's World,* una publicación comunista, lo siguiente:

"Reelegir a Obama no es suficiente para traer recuperación económica o incluso alivio a nuestro pueblo. Solo un tipo de configuración diferente en el poder político podría traer un mínimo de reforma que nos dé una oportunidad. Pero reelegir a Obama es absolutamente esencial. Ahora es el momento de sacudirse de las complejidades y poner las tácticas a un lado o fallar al clasificar las preguntas más críticas de aquellas que son menos críticas. No podemos ganarlo todo de una vez."

5. Mariela Castro, la hija del dictador comunista Raúl Castro. En unas declaraciones que provocarían controversia tanto en republicanos como demócratas, Mariela Castro definió su posición sobre las pasadas elecciones presidenciales del 2012: "Si yo fuera norteamericana, votaría por el presidente Obama".

6. Ramadan Adassi, líder de las Brigadas Al Aqsa, organización terrorista del West Bank en Palestina: "Pienso que el éxito de Obama que oí hablar en los medios, constituye un triunfo importante. Él ganó la popularidad de los votos, a pesar de los sionistas y los conservadores, a quienes derrotaría ampliamente.

Yo pienso que él puede ser un gran líder, pero no creo que el régimen estadounidense le permitirá progresar. Ellos tratarán de deshacerse de él."

7. *Hugo Chávez, ex Dictador comunista de Venezuela:* "Si fuera estadounidense, votaría por Obama, porque es una buena persona". Y en otro momento, declaró: "Si Obama hubiese nacido en un barrio pobre de Venezuela, él también me apoyaría".

Al inicio del libro me referí a la ausencia de responsabilidad que a menudo demuestran los pueblos al elegir a sus gobernantes. También puse el ejemplo de la improvisada encuesta conducida entre ciertos votantes por Obama, con la intención de medir el grado de conocimiento de estos sobre el pasado de su candidato; y cómo en aquella ocasión, los resultados no pudieron haber sido peores: 56 de las 60 personas interrogadas no supieron decir quién era Obama. Sin embargo, la mayoría del país no llegó a prever el grado de peligro que una decisión irresponsable como esa, pudiera haber traído para sus vidas.

El 9 de junio de 2009, meses después de la juramentación del Presidente Obama para su primer término, la articulista Chelsea Schilling publicó en el diario *WND* en Internet una serie de documentos de archivo que el Presidente se propuso ocultar sobre su pasado, antes, durante y después de la toma de posesión.

Los documentos son los siguientes:

– Archivos de Obama sobre sus años pre-escolares
– Archivos de la escuela Punahou
– Archivos del Occidental College
– Archivos del Columbia University
– Su tesis en Columbia sobre "Armamento Nuclear Soviético"
– Archivos de la escuela de derecho Harvard Law School

– Artículos del Harvard Law Review
– Artículos escolares de la Universidad de Chicago
– Pasaporte
– Archivos médicos
– Archivos completos y horarios durante sus años como Senador del Estado de Illinois desde 1997 hasta 2004.
– La lista de clientes de Obama durante sus años de práctica privada en la firma de abogados de Chicago de Davis, Miner, Barnhill y Gallard
– Los archives del Illinois State Bar Association
– Archivos de bautismo
– Licencia de matrimonio de Obama/Dunham
– Documentos de divorcio de Obama/Dunham
– Licencia de matrimonio de Soetoro/Dunham
– Archivos de adopción
– Certificado de nacimiento

Una vez compartida esta información, solo una pregunta me resta por agregar y que quizás usted aún se la está preguntando: ¿por quién realmente votó aquel que votó por Obama?

Redistribución de la riqueza bajo el Capitalismo

A raíz de las últimas elecciones presidenciales en Estados Unidos del 6 de noviembre de 2012, escribí un artículo titulado: *"En noviembre, mi Voto será por America"*, el cual hiciera mención al inicio de este libro y constituiría la inspiración para escribirlo. El artículo fue publicado el 22 de octubre del mismo año en *Diario Las Américas*, órgano informativo que circula en el Sur de la Florida con su correspondiente versión en Internet. La publicación fue gracias a la sugerencia y apoyo de tres amigas a quienes he admirado siempre por su compromiso comedido con la causa de la libertad y la democracia para Cuba: Ninoska

Pérez Castellón, Iliana Curra y Mirta Iglesias. Por la importancia que revistió su contenido para aquellas elecciones y para el tema que nos ocupa, creo propicio incluir algunos de sus fragmentos a continuación y analizarlos luego objetivamente.

"No es solo una elección entre dos candidatos. No es solo una elección entre dos partidos. Es una elección entre dos diferentes rutas para America." — Barack Obama, 6 de septiembre de 2012.

Con esta cita del Presidente Obama encabezaría mi artículo, el que tanta controversia causaría al momento de publicarse.

En el 2008, —continuaba— el entonces candidato a la presidencia por el Partido Demócrata Barack Obama, lanzó la señal de alarma. En una conversación que sería recogida por todos los medios de comunicación, Obama expresó su deseo de "repartir la riqueza" y de "cambio". Hoy, cuatro años después, el Presidente ha decidido continuar adelante con esa misma retórica por lo que considero importante profundizar en el tema.

Renglones como la educación pública, la defensa nacional, las inversiones gubernamentales y la asistencia social dependen necesariamente del sector económico. Mientras más débil se torna éste, más incierto es el apoyo recibido por dichos programas. Estados Unidos ofrece a todos múltiples facilidades para establecer negocios a través de préstamos con intereses bajos, recortes y exención de impuestos y otros mecanismos importantes, lo cual le ha permitido consolidar su actividad empresarial e inspirado la confianza en inversionistas de todo el mundo para que inviertan su dinero en el país. Y es ese espíritu de confianza y seguridad, ese crecimiento de su economía e incentivo a sus inversiones, lo que ha contribuido al fortalecimiento de su clase media. ¿Por qué? Porque cada nueva inversión requiere de la contratación de nuevo personal.

Y esos nuevos empleados ven con regocijo el aumento de oportunidades para ellos. Sus ingresos aumentan, porque al haber más empleos que empleados, estarían en posición de negociar sus salarios. Y con un trabajo estable, al trabajador le sería posible fortalecer su crédito y hasta fundar su propio negocio, lo que le convertiría en proveedor de empleos para otros en necesidad. Esa es la dinámica que funciona, la que le ha permitido a Estados Unidos convertirse en la tierra por excelencia de las oportunidades.

Cambie esa dinámica, aumente los impuestos a los dueños de negocios, promueva la filosofía de Obama de que los ricos paguen más e impóngales nuevos controles y regulaciones a su actividad empresarial, que disminuirá su capital para seguir creciendo, limitarás su capacidad de generar empleos y todavía peor, inducirás en ellos el temor de la pérdida si optan por reinvertir su dinero. Y ese temor frena el crecimiento de cualquier economía. Y cuando el ambiente se le hace hostil, no le quedará otra opción que llevarse su negocio al exterior como ha venido sucediendo en proporciones alarmantes.

¿Ayuda eso a la clase media y pobre en el país? Ya vimos que no. El día que entendamos esa dinámica, comprenderemos porqué y de qué forma, Estados Unidos ha representado oportunidades para todos y no para unos pocos. La pregonada fórmula de "Impuestos a los ricos" funciona porque las masas generalmente actúan por impulso y no analizan. Pero esa fórmula podría terminar con el sistema capitalista tal y como hoy lo conocemos, porque cuando los "ricos" terminen por llevarse su dinero al exterior, el gobierno se vería forzado a tomar el control económico abandonado por el capitalista para evitar la debacle. Entonces cabrá la justificación por parte del oficialismo de decir que era lo correcto hacer ante las nuevas circunstancias. Fin de la cita.

Es de todos consabido, que el alza de impuestos propugnada por Barack Obama a los llamados "ricos" que generan $250,000 o más al año, se ha convertido en una estrategia efectiva en las voces del Partido Demócrata para agenciarse el voto de la mayoría. Desde que Obama la hiciera parte de su campaña presidencial, su popularidad como era de esperarse, aumentó vertiginosamente.

Según mencionara en una parte de mi artículo, la cacareada retórica de "impuestos a los ricos" funciona dentro de las masas porque por lo general ellas actúan por impulso y no analizan; sin embargo, muy poca gente se ha detenido a razonar las implicaciones que una estrategia de esa índole pudiera significar para la propia estabilidad de un sistema como éste, cuyo modelo capitalista y de libre empresa constituyen la columna vertebral de su economía. Si bien por razones de espacio en el periódico no pude extenderme como hubiera deseado, me permito hacerlo a continuación.

Primero: Desde siempre ha sido popular el hecho de quitarle al rico para darle al pobre. Uno de los personajes más legendarios y conocidos en la historia de la civilización fue sin dudas *Robin Hood*, diestro arquero de la época medieval inglesa a quien la leyenda atribuía nobles hazañas a favor de pobres y desposeídos donde vivía. El singular arquero utilizaba métodos de fuerza bruta para acaparar o robar bienes ajenos pertenecientes a los más acaudalados y repartirlos entre los menos afortunados. Sus acciones trascenderían a través de los siglos como un gesto humano y de buena voluntad, lo cual le hizo merecedor del apoyo y popularidad de generaciones posteriores. Si bien no justifico el robo en ninguna de sus formas, puedo entender el marco histórico en el que le tocó vivir, donde de acuerdo a las "leyes" de su tiempo, las oportunidades solo estaban reservadas a un grupo reducido de personas dejando a la gran mayoría confinada en la pobreza. **No es el caso de Estados Unidos donde hay más de uno intentando establecer ese tipo de comparaciones; aquí la oportunidad existe y como hemos podido constatar, es para todos por igual.**

Segundo: De acuerdo al diccionario de la Real Academia Española, se roba cuando *se toma para sí lo ajeno, o se hurta del modo que sea*. El robo a nivel de gobierno, ya sea por medio de la expropiación arbitraria de bienes ajenos ó el estrangulamiento con altos impuestos a quienes han abrazado el éxito en sus respectivas sociedades *(los llamados despectivamente "ricos")*, debería repudiarse y condenarse por todo aquel que crea en la justicia como norma de vida y principio del respeto como punto de partida al bienestar individual y por consiguiente, al bienestar común.

Tercero: Resulta contraproducente que candidatos u oficiales electos bajo un sistema capitalista y democrático, y en quienes hemos confiado la protección y salvaguarda de nuestros intereses como nación "capitalista"; se complazcan en alentar sentimientos hostiles hacia todo aquello que represente, justamente, al capital y al Capitalismo; llegando incluso a fomentar acciones con el propósito de fraccionarlo y debilitarlo, en lugar de fortalecerlo.

Cuarto: Los propulsores del socialismo que históricamente han incorporado a su retórica lemas populares como: "Fair Share" *(reparto justo)*, "Change" *(cambio)*, "Spread the wealth around" *(distribuir la riqueza),* y conscientes de su impacto en la sociedad, deberían saber que ese principio:

a) Aniquila el deseo personal de crecer en aquellos individuos que verdaderamente lo desean. Ello se logra obligándoles a compartir el fruto de su esfuerzo con quienes, a pesar de haber gozado de sus mismas oportunidades, no la provecharon.

b) Alienta el conformismo en aquellos que no desean superarse, premiándoles con gratuidades provenientes de los que sí han decidido hacerlo.

c) Estimula la envidia hacia los bienes ajenos. La envidia constituye uno de los sentimientos más aborrecibles pernoctado en los humanos. El hecho de que se institucionalice a nivel de gobierno, resulta aún más preocupante y alarmante.

d) Promueve la premisa de que crecer y triunfar económicamente, ha de ser motivo de desvergüenza y deshonor. Humilla al rico y lo responsabiliza por los males sociales como estrategia para lograr el apoyo de la mayoría y arrebatarle, al final de la jornada, sus propios bienes a nombre de la "ley".

Una vez concluido el presente análisis, exploraremos el efecto hipotético que una *Estrategia "A"* representaría para el país con respecto a su contraparte *"B"*. La popularidad del lema: "Que paguen más los ricos" ha calado tan hondo en el individuo de a pie, que me gustaría recrear sus posibles implicaciones tanto para el gobierno, como para el resto de la población, mediante un diagrama comparativo sencillo y directo. En una sociedad capitalista como la nuestra mi estimado lector, el altibajo de impuestos tiene consecuencias, y será usted quien las descubra por sí mismo.

ESTRATEGIA "A"	ESTRATEGIA "B"
CAUSA: Bajo el lema: "Tax the Rich" *(Impuestos a los ricos),* aumenta los impuestos a los dueños de las grandes compañías.	**CAUSA:** Mantiene los impuestos bajos para todos, la clase media y los dueños de las grandes compañías.

EFECTO: Al pagar más impuestos, el hombre de negocios cuenta con menos dinero en su bolsa.	**EFECTO:** Al pagar menos impuestos, el hombre de negocios cuenta con más dinero en su bolsa.

RESULTADOS INICIALES PARA NEGOCIOS: Hombre de negocios posee **menos dinero** para: **1)** Crecer su negocio.	**RESULTADOS INICIALES PARA NEGOCIOS:** Hombre de negocios posee **más dinero** para: **1)** Crecer su negocio.

2) Reinvertir y expandir su capital. **3)** Contratar nuevos empleados **4)** El ambiente **no** le es propicio para desarrollar su negocio.	**2)** Reinvertir y expandir su capital. **3)** Contratar nuevos empleados **4)** El ambiente le es propicio para desarrollar su negocio.

RESULTADOS FINALES PARA NEGOCIOS: **1)** Tiene necesidad de buscar nuevos mercados en el exterior donde el dinero le rinda más; se ve obligado a disminuir sus inversiones dentro del país. **2)** Con **menos** margen de dinero, se ve forzado a despedir a sus empleados o reducirles las horas de trabajo al ver recortado su capital. **3)** Al invertir en el exterior, el gobierno se queda sin sus	**RESULTADOS FINALES PARA NEGOCIOS:** **1)** No tiene necesidad de buscar nuevos mercados en el exterior; se le incentiva a que continúe reinvirtiendo su capital en el país. **2)** Con **más** margen de dinero, logra mantener a sus empleados y contrata a otros nuevos en la medida que expande su capital. **3)** Al invertir su capital en el país, el gobierno se beneficia de sus impuestos y

impuestos y sin el impuesto de sus trabajadores, ya que éstos han sido despedidos.

4) Pésimos resultados para los negocios en general, lo cual debilita su capacidad productiva y comercial.

de los impuestos de sus trabajadores, ya que éstos conservan sus empleos.

4) Excelentes resultados para los negocios en general, lo cual fortalece su capacidad productiva y comercial.

EFECTO PARA LA CLASE MEDIA:

1) Pérdida del empleo.

2) Al **disminuir** el número de empleos, dispondrían de **menos** opciones de trabajo.

3) Desestabilidad económica. Tiene necesidad de recurrir a la Asistencia Social.

4) Sin empleo, **no** tiene dinero para consumir en los pequeños negocios y/o grandes negocios. La

EFECTO PARA LA CLASE MEDIA:

1) Mantiene su empleo.

2) Al **aumentar** el número de empleos, dispondrían de **más** opciones de trabajo.

3) Estabilidad económica. No tiene necesidad de recurrir a la asistencia social.

4) Con empleo, tiene dinero para consumir en los pequeños y grandes economía se perjudica lo cual produce más desempleo.

5) Pierde su crédito ante la ausencia de empleo. No tiene recursos para responder a sus pagos correctamente.

6) Sin crédito y sin dinero, no podría abrir su propio negocio.

negocios. La economía se beneficia.

5) Desarrolla su propio crédito al mantener su empleo. Tiene recursos para pagar por sus obligaciones.

6) Con crédito y con dinero, podría abrir su propio negocio, lo cual ofrecería empleos a otros en necesidad.

EFECTOS PARA EL GOBIERNO:

1) Desembolso de más dinero para la asistencia social ante la reducción de empleos.

2) Deja de percibir impuestos tanto de hombres de negocios como de sus empleados.

3) A pesar de la disminución

EFECTOS PARA EL GOBIERNO:

1) Disminuye la asistencia social ante el aumento de empleos.

2) El gobierno colecta impuestos de cada negocio creado y de sus empleados.

3) En lugar de ofrecer

de impuestos recibidos por el gobierno, se ve forzado a pagarle asistencia social a los nuevos desempleados.

4) Dispone de menos ingresos, así que tiene que recurrir a empréstitos para cumplir con sus obligaciones. Con ello se aumenta el groso de la deuda nacional.

5) Recorte de presupuesto para los gastos de defensa y asistencia social. Con ello, los programas sociales se perjudican, y la defensa del país se debilita.

asistencia social a desempleados, el gobierno empieza a colectar más impuestos de los empleados.

4) Dispone de más ingresos, así que no tiene necesidad de recurrir a empréstitos para cumplir con sus obligaciones. Puede pagar, en cambio, la deuda nacional.

5) Aumenta el presupuesto para gastos de defensa y asistencia social. Con ello, los programas sociales se benefician, y la defensa del país se fortalece.

CONCLUSIÓN DE LA ESTRATEGIA "A":

Al crecer el número de personas dependientes de la

CONCLUSIÓN DE LA ESTRATEGIA "B":

El número de personas dependientes de la asistencia

Asistencia Social y al no contar el gobierno con los recursos para enfrentar la situación ya que bajo el capitalismo éste no produce riquezas, la Administración podría verse forzada a tomar el control de la economía abandonada por el capital privado para evitar la debacle.

Y como el que paga manda, en lugar de servir a la sociedad, el gobierno terminaría adueñándose de ella.

social disminuye al aumentar el número de inversiones y por ende, los empleos.

Y con el aumento de inversión por medio de nuevos negocios, el gobierno genera más impuestos, lo cual fortalece su propia estructura de base, puede cumplir con sus obligaciones y proveer medios de crecimiento para el individuo, no su dependencia a la asistencia del gobierno.

YO VOTO POR "A"

YO VOTO POR "B"

VI. REFLEXIONES

¿Un libro inconcluso?

Cerré mis ojos. Realicé una pausa en medio de la escritura. Medité. *Revelación en America* había alcanzado su cometido, su mensaje había sido argumentado a través de sus páginas con mucho cuidado. Sin embargo, al libro le faltaba el más importante de los ingredientes: el lado humano de ese mensaje, más allá del análisis y la lógica de su razonamiento. Fue entonces cuando concebí la siguiente historia. Primero la imaginé, luego la recreé apaciblemente en mi mente y me tocó con fuerza el corazón. Comprendí que sin ella el libro quedaría inconcluso, alojado quizás en alguna capa cognitiva del cerebro y destinado a olvidarse con el paso del tiempo. Y como ese no era mi propósito, decidí incluirla a continuación.

La historia de Gabriel

Esta es la historia de Gabriel, un joven universitario con grandes sueños e ilusiones, a quien la vida le reservaría una importante lección.

Gabriel provenía de una familia acomodada en Miami. Ernesto, su padre, era un exitoso empresario que amasaba una respetada fortuna de millones de dólares. Sin embargo, no siempre fue así. Cuando Gabriel era muy pequeño, su padre lavaba carros durante el día y de noche trabajaba como preparador de alimentos en un restaurante de comida rápida. Su madre, Carmen, había estudiado magisterio y ejercía su profesión de maestra en una escuela primaria de la localidad. La vida para esta familia transcurría apacible y sin sobresaltos, aunque había algo que la distinguía de las demás: sus sueños. Tanto Ernesto como Carmen estaban convencidos de que su situación actual era transitoria y que las dificultades y sacrificios encarados en aquel momento, constituían un simple eslabón en su largo sendero al éxito.

Cuando el matrimonio pudo reunir algún dinero y desarrollar su crédito, fueron al banco y presentaron un plan de negocios para un nuevo proyecto: una tienda para vender carros de uso. El negocio lo iniciaron con el asesoramiento del tío de Carmen, un experimentado vendedor de autos con más de 50 años en el sector. La familia comenzó con cuatro automóviles a la venta y en poco tiempo, el negocio se fue fortaleciendo y expandiendo. Ernesto comenzó a invertir en otras tiendas de autos; su reputación y popularidad fueron en aumento.

Un buen día conoció a un banquero de profesión a quien tuvo el privilegio de venderle un auto de lujo en una de sus tiendas. Durante ese primer contacto, se sentaron las bases de lo que tiempo después se convertiría en una valiosa y fructífera amistad. Este banquero de nombre Julián introdujo a nuestro amigo al mercado de inversiones, al que Ernesto, con esa pasión que le caracterizaba siempre, abrazaría en poco tiempo con denuedo. Para sorpresa del joven empresario, los dividendos por concepto de inversiones sobrepasarían sus ingresos de la venta de carros y se convertiría en el 90% de su fortuna actual.

En una de aquellas tardes calurosas en Miami, aprovechando que Ernesto había llegado temprano a casa, su hijo Gabriel lo interceptó en el amplio pórtico de la casona y con voz firme le salió al encuentro:

—Buenas tardes, papá.

—Buenas tardes, hijo.

—Papá, necesito conversar contigo, ¿a qué hora podríamos hacerlo?

Aunque Ernesto notó una cierta gravedad en el tono de su hijo, optó por no entrar en detalles y le respondió:

—Cuando quieras, ¿te parece bien esta noche a las 8?

—Excelente viejo, gracias.

—Búscame en el despacho —le respondió Ernesto— estaré revisando algunos pendientes.

Gabriel asintió con su cabeza y desapareció lentamente en el interior de la casa. Ernesto no tardó en seguirle los pasos, no sin antes prender un puro y degustarlo plácidamente en el portal de la casona. Aunque si bien extrañaba el puro cubano, Ernesto no tardó en acostumbrarse al dominicano al punto de enaltecerlo cuando estaba en compañía de amigos y socios de negocios.

A las 8 de la noche, padre e hijo se dieron cita en el lugar convenido. A la llegada de Gabriel, Ernesto se hallaba inmerso en su computadora respondiendo unos correos. El joven universitario le interrumpiría con un jovial saludo:

—¡Hola papá!

—¡Hola hijo! ¡Qué bueno que llegas! Te sentí un poco preocupado esta tarde…

—Si viejo. Me gustaría conversar contigo sobre algunas cosas que me han molestado últimamente.

—¿Molestado? —se extrañó Ernesto mientras dirigía una mirada furtiva a los ojos de su hijo.

—Mira papá, iré directo al asunto y sin rodeos… ¿cómo te sientes teniendo tanto dinero?

Ernesto abrió los ojos y tragó en seco. La inesperada pregunta de Gabriel, lo paralizó por segundos. Una escéptica sonrisa dejó entrever entre sus labios al tiempo que se reincorporaba con rapidez al diálogo.

—¿Que cómo me siento? Pues me siento bien, pero no entiendo tu pregunta.

—Mira papá, hoy se suscitó una fuerte discusión en la clase de historia. La profesora tocó el tema de la lucha de clases y de qué modo los trabajadores habían luchado para reivindicarse. Habló de la justa repartición de la riqueza y de que era justo arrancarle los derechos a quienes te lo usurpan, y lo peor de todo, es que ella tiene razón. No te ofendas, te quiero y te respeto mucho, pero por la descripción que hizo la profesora de la gente adinerada, tú eres literalmente un burgués.

—Bueno, pero es que… –empezó a decir Ernesto en un intento por defenderse. Sin embargo recibió la mirada desafiante de su hijo.

—Papá, ya sé que eres republicano y como republicano defiendes el dinero. Sé que tú y yo tenemos pensamientos diferentes, maneras distintas de ver la vida y está bien. Aunque tengamos muchos puntos en común, éste en particular nos separa. Llegó el día de confrontarte ideológicamente. Quiero saber por qué eres así.

—Espera, vamos a poner las cosas en orden… ¿te interesa saber por qué tengo dinero? Sencillamente porque lo he sudado, me lo he ganado honestamente. Pero, ¿qué tiene que ver el hecho de que sea republicano en esta conversación? ¡Suenas despectivo cuando me llamas burgués, Gabriel!

—Papá, ¿te parece justo acumular tanto dinero cuando la mayoría no lo tiene? Tú siempre has sido un hombre noble, una persona buena, pero ese detalle…

—Me descalifica… ¡dilo mi hijo! ¿acaso a eso te refieres? Tu mejor que nadie sabes mi historia. Tu madre y yo fuimos siempre personas humildes, trabajadoras y luchadoras, pero siempre tuvimos un sueño. Hoy hemos cristalizado ese sueño y gracias a eso estás en una buena escuela y jamás te ha faltado nada.

—Pero acumular bienes no es bueno, sobre todo por tanta pobreza que existe en el mundo —le respondió Gabriel sin apartar la mirada de su padre—. Yo quiero hacer algo papá, deseo hacer algo grande por los demás.

—Y yo te lo celebro hijo mío, siempre me he sentido orgulloso de ti. Eres un joven idealista. Yo también lo fui en mi época, siempre abracé las causas nobles y luché por ellas. Pero no solo cuando era joven, hoy continúo patrocinando y apoyando obras benéficas y tú lo sabes.

—Lo sé, pero no es suficiente viejo. Es que ustedes los republicanos…

—¡Gabriel! —le interrumpió con tono fuerte Ernesto al tiempo que se ponía de pie y daba unos pasos hacia su hijo. Perdona que te interrumpa de esta forma, pero me ha venido tu amigo Juan a la cabeza, ¿lo recuerdas?

—Claro, —le respondió el joven— pero... ¿por qué traes a Juan a esta conversación? No estamos hablando de él en este momento.

—Lo sé. Te prometo que enseguida nos regresamos a nuestro tema, ¿te parece?

Gabriel no disimuló su asombro ante esa petición repentina de su padre, pero la aceptó conforme.

—Está bien papá, como quieras, soy todo oídos.

—Dime, ¿qué ha sido de su vida? Hace mucho tiempo que no lo veo por aquí.

—Él está bien, pero ya lo conoces, es una buena persona aunque un poco alocado. No sé cuándo sentará cabeza.

—Mmmm, y no es muy estudioso que digamos. Recuerdo que cuando venía a estudiar contigo, se la pasaba contando historias sobre sus andanzas con mujeres, diversiones en las discotecas y los tipos de carros que se iba a comprar. La escuela como que nunca fue su fuerte. A propósito, ¿cómo salió en el último examen?

—Lo falló, era de matemáticas. Si no se pone para las cosas, lo veré en serios problemas.

—No sabía que habían tenido uno recientemente. ¿Cómo saliste en el tuyo?

—Disculpa viejo, se me olvidó comentarte. Pues sí, lo tuvimos hace dos semanas. Saqué buenas notas, mi puntuación fue 98.

—¡Felicitaciones hijo, esa sí que es una buena noticia, y definitivamente amerita un brindis! —exclamó Ernesto mientras se dirigía a un pequeño bar próximo a un amplio estante de libros. Tengo un whisky bourbon que me obsequió mi amigo Julián el otro día por mi cumpleaños, ¿te apetece? Creo no existirá mejor ocasión para estrenarla.

—Por supuesto, no faltaba más, papá.

Mientras Ernesto servía ambos tragos y alcanzaba a Gabriel el suyo, continuó diciendo:

—Brindemos por tus buenas notas y que se repitan.

Tras el chasquido de copas, Ernesto tomó asiento detrás de su escritorio y mirando fijamente a su hijo, prosiguió:

—Hijo, ¿estimas sinceramente a tu amigo Juan?

—Por supuesto, ha sido mi amigo por muchos años. Pero, ¿a qué viene esa pregunta ahora?

—Que estaba pensando, no sé… qué bueno sería si pudiéramos transferir 15 de tus 98 puntos a Juan. Creo que si hiciéramos eso, le ayudaríamos a pasar la asignatura y…

—¿Estás loco papá? —se alarmó Gabriel— ¡eso no puede ser!

—¿Y por qué hijo? Juan es tu amigo.

—Es mi amigo, pero no es justo papá. Juan ha estado divirtiéndose en fiestas con mujeres, faltando muchas veces a clase, viajando y viviendo la vida a sus anchas. En cambio yo me he mantenido sacrificando horas de sueño, estudiando fuerte y prestando atención a cada clase para no perder un solo detalle. Además, recuerda que si ha habido alguien que lo ha apoyado en todo lo que ha podido, esa persona he sido yo. Pero, ¿cómo crees que le voy a ceder mi puntuación? ¿Cómo serías capaz de pedirme eso?

Ernesto, con una sonrisa natural se aproximó a él, le extendió su mano, y al sentir junto a la suya la mano de su hijo, exclamó:

—Gabriel, ¡bienvenido al Partido Republicano!

—No papá, nada tiene que ver una cosa con la otra, estás mezclando las cosas.

—Hijo, por supuesto que no estoy mezclando nada. Y sí, tiene mucho que ver. Si me permites, ahora seré yo quien te pida que me escuches.

—Sí, pero es que hacer ese tipo de comparación…

Su deseo de continuar se perdió ante la postura firme de "su viejo" como cariñosamente le llamaba a veces. Más adelante añadió:

—Soy todo oídos, papá.

—Y por favor hijo, no me interrumpas, necesito hablarle a tu corazón sin objeciones.

—Así será, te lo prometo.

—La naturaleza humana —empezó diciendo Ernesto— es muy compleja; tanto, que no es posible analizarla correctamente a través de un mismo lente. **El hecho de que me cuestionaras sobre aquello que gané con mi propio esfuerzo y te alarmaras cuando te pedí que cedieras algunos de los puntos ganados con el tuyo, demuestra que es fácil compartir lo ajeno, más no lo de uno.** Tú me dijiste algo muy válido hijo: "Es mi amigo, pero no es justo papá." Y por supuesto que no lo es, porque tu amigo no tuvo ni la más remota idea del enorme sacrificio que tuviste que pasar para que hoy pudiésemos celebrar el fruto de ese esfuerzo.

Gabriel permanecía callado, absorto en cada palabra articulada por su padre. Él sabía que tenía frente a sí a un ser especial, inteligente y capaz de guiarlo siempre por el mejor de los caminos.

—Y lo mismo que acabamos de experimentar en el plano personal, —continuó diciendo Ernesto— ocurre cuando lo llevamos a otras escalas en la vida, por ejemplo, a la del gobierno. Los políticos son tan humanos como nosotros, con nuestras mismas virtudes y defectos. **El secreto radica en el tipo de plataforma que pones a su disposición para que nos gobiernen: una que les otorgue mucho poder, u otra donde se lo limites.**

Ernesto continuó hablando sin remover su mirada de los ojos de su hijo. El brillo que vio reflejado en ellos, le motivó a continuar.

—El incentivo personal es muy importante para que una sociedad prospere Gabriel. **¿Te imaginas si hubieras tenido que compartir tus notas con tu amigo de forma obligatoria? ¿Te habrías esforzado igual para tu próximo examen?**

—Por supuesto que no.

—Y entonces, **¿por qué los demás deberían de hacerlo? ¿Es que acaso son diferentes a ti?** Esa es la suerte que correría una sociedad cuando minimizas el incentivo personal de sus habitantes. El talento sin motivación llega un punto que se extingue. Y cuando esa fuerza briosa en un país se desalienta y se contagia con esa otra parte de brazos caídos, adivina qué, la nación se resquebraja y sucumbe, ¿me comprendes?

—Te comprendo papá, me queda claro.

—Quiero que me contestes otra cosa hijo mío, ¿de qué forma ayudarías mejor a una persona, sirviéndole el pescado en la mesa o enseñándole a pescar?

—Enseñándole a pescar.

—¿Por qué?

—Bueno, porque hoy le puedes servir el pescado, pero si mañana por alguna razón no pudieras, la persona se queda sin comer, pues no sabría cómo hacerlo por sí misma.

—Así es —respondió Ernesto con aire de satisfacción en su semblante—. El ser humano se inclina por naturaleza a la comodidad y al confort y eso podría convertirse en peligro. La próxima vez que escuches la frase de quitarle al rico para darle al pobre, ¡ojo con eso! **Cuando se recibe lo que no cuesta sudor producir, no existe modo de que esa persona valore aquello que se le entrega.** Más bien termina dañada, y no se esforzará en salir del hoyo por sí misma. Convierte esa ayuda en hábito y comenzará a sentir tu gesto como una obligación, alimentando el grado de ociosidad y dependencia en su subconsciente. **Ahí radica el verdadero secreto del Socialismo, propiciar la dependencia de millones de seres al poder omnipotente del gobierno, el que todo lo da y el que todo lo quita,** ni más ni menos.

—Muy interesante lo que me dices…

—Sentido común, es todo lo que necesitamos Gabriel y muchas veces lo ignoramos. ¿Quieres ayudar verdaderamente a esa persona? Facilítale las herramientas para que pueda crecer, enséñale a levantarse e incentívale para que luche y sea capaz de retar por sí misma al destino; pero no hagas el trabajo por ella porque por lo mismo terminarás perjudicándola. Somos hijos de Dios que hemos venido a esta vida a aprender, a evolucionar y a desarrollarnos; mas no vayamos contrario a ese principio universal, pues nos opondríamos a nuestra propia naturaleza de ser.

—Viejo, —balbuceó el joven Gabriel visiblemente emocionado— nunca me habías hablado así, tienes mucha razón en lo que dices.

—Recuerda hijo que tu madre y yo vinimos de un país comunista donde el gobierno creció tanto que se apropió de todo y de todos. Bajo el lema: "reparto equitativo e igualdad para todos", llegamos a perder nuestra propia individualidad y hasta el deseo de vivir. Yo mismo, si hubiera permanecido en Cuba, me habría sido imposible realizarme como hombre de negocios. Habrías tenido un padre frustrado, entristecido y anímicamente muerto.

Ernesto calló por unos segundos, abrió la gaveta de la derecha de su escritorio y tomó una pequeña revista de colores sobrios que había guardado por algún tiempo, la hojeó hasta encontrar el pasaje deseado y luego de escribir algo en ella, la extendió de inmediato a su hijo.

—¿Y esto? —exclamó extrañado Gabriel.

—Una revista sin mayor importancia. Pero sí me llamó la atención este artículo sobre Abraham Lincoln, por eso la guardé, pensé te podría interesar. Me gustaría escuchar su lectura de nuevo, pero esta vez de tus propios labios.

—Pero... ¿ahora? —se extrañó Gabriel.

—Claro, pienso que tiene que ver mucho con lo que estamos hablando. Además, no tendrás que leer el artículo completo sino el fragmento que ahí te indiqué. Como te dije, quiero que lo leas en alta voz y luego cuando estés solo, lo medites.

Gabriel se apresuró a buscar el texto señalado por su padre y lo empezó a leer en tono sereno.

—*El pensamiento de Abraham Lincoln tuvo una gran acogida dentro del movimiento conservador en Estados Unidos desde sus primeros tiempos; y no es difícil entender por qué. Lincoln dijo:*

"Todos los hombres nacen iguales, pero es la última vez que lo son."

"No se puede ayudar al pobre destruyendo al rico."

"No se puede fortalecer al débil debilitando al fuerte."

"Pueblo que ignora su historia, pueblo que está condenado a repetirla."

"No se puede traer prosperidad desalentando el ahorro."

"No se puede elevar al asalariado destruyendo al patrono."

"No se puede avanzar la hermandad entre los hombres incitando el odio de clases."

"No se puede construir el carácter y la valentía quitándole la iniciativa e independencia a los hombres."

"No se puede ayudar a los hombres permanentemente haciendo por ellos lo que podrían y deberían hacer por sí mismos."

Al concluir su lectura, Gabriel colocó la revista sobre el amplio escritorio frente a él.

—Muy interesante papá, definitivamente todo esto lo pone a

pensar a uno. Siempre tuve la ilusión de que todos en el mundo llegaríamos a ser iguales.

—Gabriel, ¿has conocido a dos personas que piensen iguales, que sean iguales y alberguen las mismas aspiraciones en la vida?

—No papá.

—Pues ahí tienes la respuesta hijo, te respondiste a ti mismo. Una sociedad debe organizarse teniendo en cuenta su amplia diversidad y pluralidad. Y cuando digo eso, me refiero al caudal enorme que convive en cada uno de los que la habitamos como el ingenio y la motivación personal, el deseo natural de crecer que tenemos y muchas veces permanece dormido. En la infinidad de sentimientos, emociones, capacidades y gustos que albergamos; en la competencia sana que nos impulsa a ser mejores seres humanos como punto de partida en nuestro camino al progreso. En fin, que el listado sería interminable porque la diversidad humana es tan vasta como el propio universo. **En cambio, cuando converges esa multiplicidad bajo la égida de una sola voz como hace el Socialismo, estás sepultando el clamor de millones de voces que vinieron al mundo a hacerse sentir, a aportar y a crecer por sí mismos sin límites.**

Ernesto volvió a abandonar su asiento en busca de otro trago.

—¿Gustas?

—No viejo, paso esta vez, gracias.

—Pues así hijo mío —continuó hablando mientras vertía el trago de whisky en su copa de manera involuntaria. El Capitalismo, a diferencia del Socialismo, no lo escribió nadie, ni fue impuesto por nadie a la humanidad, surgió de forma espontánea, respondiendo a la necesidad humana de crecer y encontrar nuevas formas de producción y de vida que respondieran a las nuevas exigencias de la época. Fue un salto natural dentro del proceso evolutivo de los hombres. A pesar de sus imperfecciones como toda obra humana, al Capitalismo le debemos los más grandes avances científicos y tecnológicos que hoy disfrutamos, la prosperidad que hoy gozamos y la plena libertad económica y política con que hayamos podido soñar jamás. Recuerda uno de los pensamientos que acabas de leerme de Abraham Lincoln: *"Todos los hombres nacen iguales, pero es la última vez que lo son."* Esa es la única realidad que conocemos y el Socialismo, debido a su naturaleza totalitaria, no le es posible reconocerla.

—Bueno, pero las personas con impedimento físico o mental…

—Si una persona se encuentra impedida mental o físicamente, ––interrumpió Ernesto— el gobierno debe proveerle los recursos para que pueda continuar adelante con su vida dignamente; las instituciones están ahí para apoyarle. Pero de ahí a hacerle el trabajo a aquellos que no sufren de tales impedimentos, va un largo trecho. Cada persona es un mundo Gabriel y esa individualidad marca la pauta de cada cual ante la vida.

—Entonces, la igualdad viene siendo una quimera papá, una ilusión en la mente de las personas…

—Así es, porque volvemos a lo mismo, no somos iguales. **Por eso no puedo creer en lo que no somos.** Sin embargo, eso nada tiene que ver con la **igualdad en oportunidades** que ofrece este país; en ella sí creo, porque le ha funcionado. ¿Que la expresión "igualdad y reparto equitativo para todos" suena hermosa y los mañosos no se cansan de pregonarla? ¡Por supuesto! La decisión está en uno mismo; o nos dejamos influenciar por su musicalidad y permitimos que sus pregoneros nos engañen a través de ella, o aplicamos el sentido común a lo que escuchamos y permanecemos en control, como siempre ha sido y ha debido ser en America.

—Lo que no logro comprender es lo mucho que insistes al referirte al Socialismo como sistema político. Vamos, no me tomes a mal, de cierta forma puedo entender que te refieras a tu mala experiencia vivida en Cuba, un país socialista. Pero viejo, Estados Unidos es un país capitalista...

—¿Por cuánto tiempo?

—Bueno, nadie destruirá el capitalismo en este país.

—¿Nadie? ¿Estás seguro?

—No veo como...

—Sencillo. Hoy viniste a mí con una preocupación muy particular. En la propia escuela de este país te hablaron de derechos usurpados a los menos favorecidos, de que la riqueza debía ser redistribuida, entre otras cosas... ¿lo recuerdas?

—Por supuesto, y te confieso que me impactó mucho eso de la redistribución de la riqueza, lo creí justo...

—Se escucha justo, que no es lo mismo. Respóndeme algo, ¿quién crees que haría esa redistribución, el ciudadano común o quienes encabezan el gobierno?

—Quienes encabezan el gobierno.

—He ahí el problema. **Esa no es la función del gobierno mi querido hijo. En una democracia real, cuando el gobierno redistribuye la riqueza es porque la controla, y al hacerlo se está inmiscuyendo en la vida de sus ciudadanos, violando sus derechos y libertades fundamentales. De ahí a la tiranía no hay más que un paso, la historia se ha encargado de probar**

lo que digo. Ronald Reagan dijo una vez: *La primera función del gobierno es proteger a las personas, no manejar sus vidas.* Y Ronald Reagan estaba en lo cierto.

—No me queda la menor duda viejo. Pero vuelvo a lo de antes, no veo cómo podría destruirse el Capitalismo en este país.

—**Todo comienza por un principio.** Confrontar a ricos y pobres, socavar las libertades individuales en las personas, expandir el aparato gubernamental y fortalecer sus controles sobre la ciudadanía, humillar al rico por ser rico y penalizarlo con altos impuestos y regulaciones excesivas, propiciar más dependencia de las personas a ese mismo gobierno... En fin, es la misma estrategia que hemos visto repetirse una y otra vez a través del tiempo, con diferentes nombres y matices, pero persiguiendo todas un mismo fin.

Ernesto enmudeció de nuevo, sus ojos buscaron los de su hijo en un afán por concluir lo que intentaba decirle. Luego, dejó sus palabras fluir con la misma soltura y firmeza de siempre.

—Hoy lo escuchaste de la misma profesora; el país lo escuchó de la voz del presidente. Recuerda, todo comienza por un principio, Gabriel.

—Viejo, eres tú quien nos debería dar la clase de historia. Y no lo digo de broma, ¿eh?

—Gracias hijo, pero Dios no me quiso de profesor, sino de empresario —le respondió Ernesto riendo.

—Ahora veo las cosas con un nuevo matiz. Te confieso que he estado equivocado en muchas de estas cuestiones. Volveré a pensar en todo lo que me has dicho así que te seguiré molestando sobre el tema. Aunque no lo creas, esta plática me ha unido más a ti y a mamá. Gracias por tu tiempo y tus aclaraciones.

Gabriel se puso de pie, encaminó sus pasos a donde su padre quien mostraba una expresión serena, y le besó su frente.

—Te quiero mucho hijo —se apresuró a decirle Ernesto—, y nunca te sientas avergonzado de luchar y de crecer. Vives en un país donde hasta el momento se honra el éxito personal. **Ser millonario jamás fue motivo de deshonra en America, porque el día que lo sea, dejará de ser la tierra de las oportunidades y los sueños**. ¡Que Dios te bendiga!

—¡Estoy contigo, viejo! Muchas gracias. Ahora debo ir a mi recamara a hacer unos trabajos para la universidad.

—Ok, yo termino aquí y subo a donde tu madre, apenas si hemos cruzado palabras hoy. Buenas noches, Gabriel.

—Buenas noches, papá.

Gabriel tomó la revista sugerida por su padre que aguardaba sobre el escritorio, giró sobre sus pies y abandonó el local de inmediato. Ernesto se levantó de la amplia butaca, se dirigió lentamente hacia la puerta y la cerró. Sabía, como le había dicho a su hijo, que debía ir al encuentro de su esposa; pero optó por no hacerlo, no todavía. Quería estar solo para meditar sobre el encuentro con Gabriel que sin temor a equivocarse había sido el más profundo que padre e hijo habrían sostenido durante sus vidas. Jamás había visto a su muchacho tan receptivo y analítico como aquella noche. Creo que el hombre va madurando, y muy rápido —se dijo para sí mientras miraba el retrato de Gabriel, que mostraba orgulloso sobre su escritorio.

—Dios mío, que mi hijo logre ver lo que yo vi, así también como su generación. Que sean capaces de ver la luz y no la fantasía que me inocularon de pequeño porque sabes lo dañina que ha resultado ser… ¡Que vean la luz Señor, no te pido nada más, solo la luz!

Ernesto se reclinó en su cómoda butaca, dirigió su mirada al techo y se quedó tranquilo. Conectó su pensamiento con el cosmos y dejando escapar un hondo suspiro, exclamó:

¡Gracias Dios mío, gracias por vivir en Estados Unidos de América!

CONCLUSION

"La enfermedad del ignorante es ignorar su propia ignorancia." Dijo el profesor, escritor, reformador y filosofo estadounidense *Amos Bronson Alcott*. Los hechos que nos ocurren en la vida por errores que cometemos, nos produce malestar; sin embargo, aquellos que nos sucede por no haber escuchado al que con las pruebas en la mano nos alerta, ahí sí que no sabría qué responder.

Estados Unidos se encuentra en peligro por primera vez. La misma ideología que ha fracasado en cada país donde se ha instituido, pretende adueñarse de su territorio mientras avanza engullendo las mentes de sus habitantes. Por eso al escribir este libro, respondo a un llamado de conciencia que no me permitió permanecer callado. En este momento crucial, el destino no nos deja otra salida a quienes creemos en America que correr la voz tan lejos como podamos, en un esfuerzo postrero por evitar el éxito de lo que hoy parece inevitable.

El Presidente Reagan resumiría en uno sus más memorables discursos, su propia visión sobre el gobierno en su país. Discurso del cual incluiré uno de sus fragmentos por dos razones específicas: la primera porque sus palabras sintetizan con justeza la esencia de esta publicación; y la segunda, por los hechos. Reagan demostró ante el mundo el éxito de su filosofía; 49 de los 50 Estados del país votaron por su reelección. Su victoria arrolladora, lo dijo todo.

Y Ronald Reagan expresó:

La nuestra fue la primera revolución en la historia de la humanidad que verdaderamente cambió el curso del gobierno con tres pequeñas palabras: "Nosotros el pueblo..."

"Nosotros el pueblo" decimos al gobierno qué hacer, no el gobierno a nosotros.

"Nosotros el pueblo" somos el chofer, el gobierno es el carro, y nosotros decidimos a dónde debe ir, en qué ruta y cuán rápido.

En casi todas las constituciones y documentos en el mundo el gobierno le dice a las personas cuáles son sus privilegios; nuestra Constitución es un documento en el que nosotros el pueblo, decimos al gobierno, lo que le está permitido hacer.

Nosotros el pueblo, somos libres.

Esta creencia ha sido la base para todo lo que he tratado de hacer en los últimos 8 años.

Allá por los años 1960 cuando comencé, me pareció que empezamos a revertir el orden de las cosas, a través de más leyes y regulaciones e impuestos confiscatorios, el gobierno estaba tomando más de nuestro dinero, más de nuestras opciones y más de nuestras libertades.

Yo me inicié en la política en parte para poner mi mano y decir: ¡basta!

Yo era un ciudadano que hice lo que era correcto que los ciudadanos hicieran.

Pienso que hemos detenido cosas que debíamos detener, y espero que una vez más le recordemos a las personas que el hombre no es libre, a menos que el gobierno sea limitado.

Existen una causa y efecto claros y predecibles tales como lo son las leyes de la física: al expandirse el gobierno, la libertad se restringe.

Con estas palabras cargadas de altruismo y sabiduría, llegamos juntos al final de nuestro viaje. Pienso ha sido una experiencia interesante, que me permitió compartirles vivencias, puntos de vista, razonamientos; revivir conocimientos dormidos en unos y desconocidos por otros; pero lo más importante, la posibilidad de reencontrarnos a nosotros mismos dentro de un tema tan complicado, apasionado y fuerte como la política; y que aunque muchos prefieren ignorarla, nos salpica a todos por igual. ¿Sabe cuántos de los que se auto titulan "apolíticos" les ha pasado por encima, por no haberse preparado para afrontarla? Así es, el apolítico reacciona cuando el político le pisa el *talón de Aquiles*, solo entonces se dispara como un resorte y busca la forma de escapar de su entorno, sin haber hecho nada para prever el desastre. Es triste, pero es la verdad.

Creo además, que si a esta altura del libro aún albergara dudas sobre su verdadero mensaje, le invito a meditar sobre la pregunta más importante que haya sido compartida a través de sus páginas:

¿De qué forma definiría el verdadero sentido de America; quitándole al rico para darle al pobre, o que el pobre tuviese

las mismas oportunidades que tuvo el rico para poder llegar?

Su respuesta le indicará de qué lado de la cerca se encuentra con respecto a esta gran nación, y lo que ella en realidad representa para su vida.

En cuanto a la mía (mi respuesta), ya la conoce; el sentido elemental le dice que opté por la segunda. Vivo convencido de que cada uno de los que vivimos en Estados Unidos tenemos derecho a disfrutar, en igualdad de condiciones, de las mismas oportunidades y medios que esta nación nos ofrece para llegar con decoro a la cima y no la de apropiarnos del sudor ajeno como indicara en la primera. Como bien dijera nuestro amigo Ernesto a su hijo Gabriel: *Ser millonario jamás fue motivo de deshonra en America, porque el día que lo sea, dejaría de ser la tierra de las oportunidades y los sueños.* Y esa es la premisa que ha contribuido a la grandeza, fortaleza, libertad, prosperidad, indivisibilidad y excepcionalismo de Estados Unidos de América; siendo nuestro deber enaltecerla y preservarla, más allá de políticos, partidos o agendas fabricadas, para las generaciones venideras.

¡Enhorabuena America!

ACERCA DEL AUTOR

Ahmed Martel nació en Ciudad de la Habana, Cuba, un 9 de enero de 1971. Desde pequeño sintió una fuerte pasión por la justicia lo cual le llevó a interesarse por las cuestiones internas de su país natal. Creyó, como la mayoría de los niños adoctrinados por el sistema, en una benevolencia utópica del Socialismo junto a su conocido fenómeno de "poder del pueblo". En ese sentido, su integración al régimen comunista fue total durante sus primeros años de vida. Con el dinamismo y pasión que le caracteriza, participó en actividades programadas por su escuela, incluso en 4to grado, fue seleccionado "pionero vanguardia" de su plantel e invitado a participar en un evento nacional organizado por el gobierno. Ahmed revela más detalles sobre esa importante etapa de su vida en este libro.

Su despertar de aquel letargo ocurriría a la edad de 14 años de un modo singular. El destino lo pondría cara a cara con la verdad a través de las páginas de "El Capital", histórico compendio a través del cual Karl Marx, su autor, estudiaría de modo profundo el sistema capitalista de producción, distribución y el dinero. En aquel libro le llamaría la atención un detalle que constituiría el más importante catalizador en su ruptura con el régimen, y el despertar de tantos amigos y conocidos que creían ciegamente en la revolución socialista de Fidel Castro. No existió un solo comunista con quien interactuara que pudiera permanecer impasible ante esta cruda verdad. Y la sorpresa de este detalle, le permitió comprender tanto el trasfondo del Socialismo en toda su viveza, como entender la dinámica capitalista, sistema que le tocaría vivir años después en Estados Unidos y que abordaría analíticamente en este libro. Ahmed abandonó la isla el 1ro de Enero de 1992, y nunca más regresó.

En el destierro abrazó las filas del activismo por la libertad y democracia para Cuba. Colaboró con varias organizaciones exiliadas, participó en programas de radio y demás. En el año 1999, a raíz del caso del Niño Elián González, Ahmed fue Co-Director de *New Generation Cuba*, organización dirigida por la conocida activista Cubano Americana *Bettina Rodríguez Aguilera*. La misión de la organización era educar a los medios de prensa, particularmente de habla inglesa, sobre la realidad cubana bajo la dictadura de Fidel Castro. Como parte de la organización, participó en numerosos eventos, programas de radio, estaba a cargo de su portal en Internet y visitó varias veces el capitolio en Washington para cabildear a favor de la liberación de los presos políticos cubanos y por la libertad de Cuba.

En el 2002, Ahmed fundó junto a su amiga y compatriota Lourdes C. Pagani, NetforCuba International, una organización sin fines de lucro comprometida a educar e informar al público nacional e internacional a través de la Internet, sobre la realidad de Cuba hoy bajo el régimen comunista, así como servir de puente de comunicación entre el pueblo cubano dentro de la isla con el mundo libre. Meses después, un tercer compatriota, Karel Roberto desde

España, se uniría al equipo. Su red de correos electrónicos alrededor del mundo creció a más de cien mil y la organización, a través de Ahmed, realizó y actualizó sitios en Internet pertenecientes a otras organizaciones y proyectos en el destierro conocidos por su verticalidad en la lucha contra el comunismo dentro de la isla como fueron M.A.R. Por Cuba, Plantados hasta la Libertad y la Democracia en Cuba, Consejo por la Libertad de Cuba, Memorial Cubano, Asamblea para Promover la Sociedad Civil en Cuba, Puente Informativo Cuba-Miami, Partido Revolucionario 30 de Noviembre "Frank País", entre otras.

Ahmed trabajó para Univisión desde octubre del año 2000 hasta marzo de 2009, fecha en que sería despedido junto a cientos de personas en un mismo día. Además de Univisión, Ahmed trabajó desde 1997 al 2000 como Manager de un Cigar´s Club a bordo de la línea de cruceros Celebrity Cruises, promoviendo la venta de puros y sus accesorios para la compañía de su gran amigo y mentor Andy García (EPD). Actualmente Ahmed es Escritor, Conferencista, Analista, Presentador y Motivador; pero además, desarrolla autodidácticamente la elaboración de Sitios Web y Blogs, Tráfico y SEO, Social Media, Campañas por Internet, Diseño Gráfico y más. Usted puede visitar su blog personal a través de su dirección en línea *AhmedMartel.com* para más información.

AHMED MARTEL